조선 최고의 개혁가 배틀

조선 최고의 개혁가 배틀

초판 1쇄 발행 2021년 12월 20일
초판 2쇄 발행 2023년 6월 20일

지은이 | 이광희
펴낸곳 | (주)태학사
등록 | 제406-2020-000008호
주소 | 경기도 파주시 광인사길 217
전화 | 031-955-7580
전송 | 031-955-0910
전자우편 | thspub@daum.net
홈페이지 | www.thaehaksa.com

편집 | 조윤형 여미숙 김선정
디자인 | 이영아
마케팅 | 김일신
경영지원 | 김영지

값 14,500원
ISBN 979-11-6810-023-7 43910

"주니어태학"은 (주)태학사의 청소년 전문 브랜드입니다.

책임편집 | 여미숙
디자인 | 김희량
본문 그림 | 양은정(6, 24, 46, 67, 76, 101, 110, 150, 188, 220쪽과 7명의 인물화)

• 이 도서는 한국출판문화산업진흥원의 '2021년 출판콘텐츠 창작 지원 사업'의 일환으로
  국민체육진흥기금을 지원받아 제작되었습니다.

조선 최고의 개혁가 배틀

이광희 지음

세상을 어떻게 바꿔야 백성이
편안하게 살 수 있을까?

주니어태학

갑오년, 백성들이 들고일어났다!

때는 갑오년 초여름. 개국 이래 500년을 쉼 없이 움직여 온 조선은 이해 들어 꼬리에 꼬리를 물고 일어난 사건들 때문에 어느 때보다 더 정신없이 돌아가고 있었다. 연초에 전라도 고부 땅에서 터져 나온 동학 농민군의 봉기가 그 시작이었다.

봉기 원인은 간단했다. 새 고부 군수로 조병갑이란 자가 부임했는데 말도 안 되는 세금을 만들어 냈기 때문이었다. 참다못한 농민들이 관아로 몰려가 어려움을 호소했지만 돌아오는 건 모진 매질뿐이었다.

당시 전라도에는 동학이라는 새로운 사상이자 종교가 꿈틀대고 있었는데, 조병갑의 학정에 고통받는 농민 중에 동학을 믿는 이가 많았다. 그중 눈에 띄는 인물이 바로 전봉준이었다. 아버지가 관아에 항의하러 갔다가 매를 맞고 싸늘한 시체로 돌아왔으니 그의 분노가 어느 정도였을지 짐작할 수 있다.

정월 어느 새벽에 전봉준을 위시한 고부 농민들은 관아로 쳐들어갔다. 어찌 알았는지 조병갑은 이미 줄행랑을 치고 없었다. 전봉준은 곡식 창고를 털어 농민들에게 나누어 주었다. 사실 그 곡식은 원래 농민들 것이었다.

얼마 뒤 정부에서 안핵사가 내려왔다. 안핵사는 사건의 진상을 파악하고, 백성을 달래기 위해 파견된 관리. 그런데 도리어 사건의 주동자를 찾겠다며 이 사람 저 사람 잡아다가 고문을 하는 게 아닌가. 전봉준과 동학 지도자들은 분노가 치밀어 올랐다. 급기야 농민들까지 규합해 대대적인 투쟁을 시작했다. 이것이 3월에 일어난 동학농민운동이다.

백산으로 죽창을 든 수만의 동학 농민군이 몰려들었다. 전라도

부안에 있는 백산은 동학농민운동의 본거지였다. '흰 산'이란 뜻의
백산은 대나무 창을 들고 흰옷을 입은 농민들로 가득했다. 그때부
터 '앉으면 죽산(대나무 산이라는 뜻), 서면 백산'이라는 표현이 생겼
다. 백산에 우렁찬 함성과 함께 농민군의 깃발이 펄럭였다.

"제폭구민(除暴救民, 폭정을 물리치고 백성을 구하자)!"

"보국안민(輔國安民, 나라를 지키고 백성을 편안케 하자)!"

농민군은 파죽지세로 전라도 일대의 관아를 접수해 나갔다. 당

황한 정부는 군대를 파견했다. 하지만 성난 농민군의 기세에 눌려 패배하기 일쑤였다. 동학 농민군은 1차 목표였던 전주성에 마침내 입성했다. 전주성은 조선을 세운 태조 이성계의 초상이 있는 곳이자 태조의 본관이 있는 곳.

정부는 전주성을 되찾기 위해 수차례 공격했지만 실패했다. 결국 청나라에 파병을 요청했다. 청군은 기다렸다는 듯이 조선에 발을 들였다. 뒤이어 일본군도 들어왔다. 자국민 죽이라고 외국 군대

를 불러들이다니 정말 한심한 정부 아닌가? 그나저나 부르지도 않은 일본군은 왜 온 걸까?

10년 전인 1884년 김옥균을 필두로 하는 개화파가 정변을 일으켰다. 개화파는 우정총국 개국 축하연에서 기존 세력을 제거한 뒤 내각을 다시 구성하고, 개혁안도 공포했다. 하지만 고종의 요청을 받은 청군이 들이닥치는 바람에 정변은 3일 만에 막을 내렸다. 이 사건이 빌미가 되어 청과 일본은 텐진에서 '어느 나라가 조선에 파병하면 알린다'는 내용의 조약을 맺었다. 이 때문에 청군이 조선에 들어오자 일본군도 얼씨구나 하며 들어온 것이다.

일본군까지 들어오자 그제야 제정신이 든 정부는 동학 농민군에게 화해의 손을 내밀었다. 동학 농민군은 그 손을 잡았다. 전주성을 지키는 과정에서 희생자가 많았고, 일본군 등 외국 군대가 장기 주둔하는 것이 조선에 해롭다고 우려했기 때문이다.

전주화약(全州和約, 동학농민운동 당시 농민군이 전주를 점령하고 정부와 맺은 조약) 이후 정부는 농민들의 개혁 열망을 마냥 뭉갤 수만은 없었다. 농민들 요구가 아니더라도 급변하는 국제 상황을 감안하면 개혁을 외면하기 어려웠다.

그제야 정부는 조선을 어떻게 개혁하면 좋을지 고민하기 시작했다. 그 결과 지금 조선이 가장 시급하게 바꾸어야 할 것이 무엇인지를 토의하는 자리를 서둘러 마련하기로 했다. 조선을 개혁하려면 역사에서 답을 찾아야 한다는 결론에 이르렀고, 과거의 개혁가들은 조선의 문제점을 어떻게 진단하고 개혁안을 내놓았는지 알아보기 위해 '조선 최고의 개혁가는 누구인가'라는 주제로 청문회를 열기로 했다.

지금으로부터 수십, 수백 년 전 조선의 개혁을 주창한 일곱 명을 선정한 뒤, 그 개혁가를 추천한 심의위원들이 왜 그 개혁가가 최고인지 그의 개혁안을 중심으로 설득해 나가기로 했다.

모든 발표가 끝나면 심의위원장과 심의위원들은 다시 토론을 거쳐 최고의 개혁가를 선정할 예정이다.

자 이제, 역사적인 청문회장으로 들어가 보자.

일러두기

- 책명은 《 》로, 작품명이나 단편 글은 〈 〉로 표기했습니다.
- 조선 말 풍속화가 김준근의 그림을 당시 조선 현실을 보여 주면 좋을 곳곳에 활용했습니다.
- 본문에 혹시라도 저작권이 있는 사진이 쓰였다면 확인되는 대로 정해진 절차에 따라 이용료를 지불하겠습니다.

천하는
모두의 것이니,
임금의
자리 역시
마찬가지요

조선의 공화주의자

정여립

"지금 나라에 임금이 계신데 어찌 다른
이를 임금으로 세운단 말씀입니까?"
정여립의 눈매가 날카로워집니다.
"나라는 온 백성의 소유물인데. 어찌
정해진 임금이 있겠느냐."

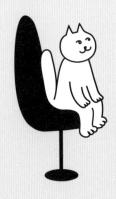

심의위원장(이하 위원장) 그럼 지금부터 조선 최고의 개혁가를 선정하기 위한 청문회를 시작하도록 하겠소. 위원들님 중엔 일본이나 청나라 또는 저 멀리 미국 등에 사절단으로 가서 우리와 전연 다른 세계를 경험하고 온 분도 있을 것이오. 그런 분들은 자신의 경험을 반영해서 과연 누가 조선 최고의 개혁가인지를 설파해 주시길 바라오. 자 그럼, 제1 위원부터 발표하도록 합시다. 그대가 추천한 개혁가는 누구요?

심의위원(이하 위원) 정여립입니다.

위원장 정여립이라 했습니까? 정여립이라면 개국 이래 조선 최대의 역모 사건의 주범이 아니오?

위원 그렇긴 합니다만 정여립의 주장 중에 지금 개혁의 모델로 삼아야 할 내용이 있습니다. 그래서 정여립을 추천하는 바입니다.

위원장　아무리 지금이 혼란기라지만 어찌 조선 최고의 반역자를 조선 최고의 개혁가 후보에 올릴 수 있단 말이오?

위원　위원장 영감, 지금은 찬밥 더운밥 가릴 때가 아닌 줄로 압니다. 그리고 제가 바다 건너 미국에 가 봐서 아는데 300년 전 정여립이 주장한 제도를 그 나라에선 시행하고 있습니다. 이것만 봐도 그가 시대를 앞서갔다는 걸 알 수 있지요. 이제 조선도 그의 목소리에 귀를 기울여야 할 때라 사료됩니다.

위원장　허허. 그래도 그렇지, 어찌 반란의 수괴를 개혁가 후보로….

위원　당시 우리 선조들은 정여립이 틀렸다고 말했지만 지금은 그렇지 않습니다.

위원장　그때는 틀리고 지금은 맞다? 어디 무슨 내용인지 들어나 봅시다.

위원　정여립은 선조 때의 유학자이자 사상가입니다. 그는 이렇게 말했습니다. "나라는 온 백성의 소유물인데 어찌 일정한 임금이 있겠는가!"

위원장　잠깐! 내 이럴 줄 알았소. 개국 이래 이 나라는 이씨의 것이었는데 어찌 온 백성의 소유물이라 하고, 심지어 일정한 임금이 없다고 하다니, 그대는 그대의 목이 두 개쯤 되는 줄 아시오?

위원　위원장님, 목을 돌려 외국을 보십시오. 지금은 한 사람, 한 가문이 수백 년간 왕으로 군림하는 시대가 아닙니다. 송구하오나 정여립의 생각이 조선에서 매우 위험한 것이기는 하나 그의 주장에는 조선을 개혁하는 데 참고할 만한 것들이 있으니 끝까지 발표할 수 있게 해 주시기를 청합니다.

위원장 흠, 알았소. 계속하시오.

위원 정여립은 1546년 전라도 전주에서 태어났고, 여립의 호는,

위원장 잠깐! 내 가급적이면 위원들 발표에 끼어들지 않으려 했소만, 이번 발표에서는 언제 어디서 태어났고, 호가 뭐고, 아버지가 뭐 하시던 분이고 이런 시시콜콜한 신상 정보 발표는 좀 지양해 주시오. 그런 건 이웃에 물어보면 다 알 수 있으니 생략하고, 개혁안이 뭔지 핵심만 발표해 주시오.

위원 네. 그럼 정여립에게 가장 중요했던 그날에 대해 말씀드리겠습니다.

선조에 실망하고 낙향

과거에 급제해서 한양에서 벼슬살이를 하던 정여립(1546~1589)은 몇 년 뒤 돌연 고향으로 돌아옵니다. 그 이유는 뒤에서 말씀드리고, 고향에 돌아온 이후 행적을 먼저 말씀드리겠습니다. 정여립은 죽도(竹島)라는 산에 들어가 서당을 짓고 제자들을 가르쳤습니다.

죽도는 섬이
아니라
산 이름이에요.

죽도는 섬이 아니라 산 이름이다. 산에 키 작은 산죽이 가득해서 죽(竹) 자를, 강물이 삼면을 휘감아 섬처럼 보여 섬 도(島) 자를 붙였다. 정여립은 대나무를 특히 좋아했다고 한다.

  정여립은 대나무를 아주 좋아했습니다. 대나무와 잘 어울리는 선비이기도 하지요. 더 높은 자리에 오를 수 있었지만 당쟁만 일삼는 사대부들이 꼴 보기 싫어 고향으로 내려온 모습만 봐도 얼마나 대쪽 같은 성격인지 알 수 있지요.

젊은 시절 정여립은 훌륭한 관리가 되어 나라와 백성을 위해 큰 뜻을 펼치고 싶었습니다. 그 꿈을 이루기 위해 열심히 공부해 과거에 급제하고 벼슬길에 올랐지요. 정여립의 재주를 간파한 율곡 이이의 추천 덕분에 더 빨리 승진할 수 있었고요.

처음 근무한 곳은 홍문관*이었습니다. 비록 높은 벼슬은 아니었지만, 선조 임금을 가까이에서 뵐 기회는 많았습니다.

그런데 선조는 기대했던 임금의 모습이 아니었습니다. 자신에게 올바른 소리를 하는 신하들을 못마땅해했고, 툭하면 그런 신하들을 내쳤습니다. 또한 탐관오리에 시달리는 백성의 고통을 이해하지 못했고 남쪽 왜적과 북쪽 여진족이 조선을 침략하는 위기 상황도 인식하지 못했습니다. 훗날 임진왜란이 일어난 것만 봐도 알 수 있는 일이지요.

정여립은 크게 실망합니다.

'아, 전하께선 임금의 자질이 부족하구나!'

그러던 어느 날 정여립이 궁궐을 박차고 나올 수밖에 없는 사건이 터집니다.

경연을 할 때였습니다. 경연은 학

홍문관 ━━━━━━
조선 시대 중요한 세 기관을 말하라면 사헌부, 사간원, 홍문관이다. 사헌부는 오늘날로 치면 관리가 비리를 저지르지 않는지 감찰하는 곳이고, 사간원은 왕의 잘못을 비판하는 곳이었으며, 홍문관은 학문·정치 등에 관한 왕의 자문에 대답해 주는 곳이었다. 홍문관에 들어가면 자연 왕과 가까워질 수밖에 없어 출세가 보장되었다. 조선 시대 정승·판서 중 홍문관을 거치지 않은 사람이 거의 없다는 사실로도 알 수 있다.

조선의 공화주의자 _ 정여립

식이 높은 신하가 임금에게 《논어》, 《맹자》 같은 경전을 강의하기도 하고, 임금과 신하들이 머리를 맞대고 중요한 국가 정책을 토론하는 자리지요. 그런데 그 자리에서 정여립이 한 말이 문제가 됩니다.

"전하, 이이는 나라를 그르친 소인입니다. 그의 개혁안은 볼 것이 없습니다."

이이가 세상을 떠난 직후였죠. 일순간 경연장 분위기는 싸늘해지고 임금을 비롯한 신하들의 얼굴이 굳습니다. 잠시 뒤 선조가 입을 엽니다.

"이이가 살아 있을 때는 지극히 따르더니 지금 어찌 그런 말을 하는가?"

정여립이 말합니다.

"신이 처음에는 그의 마음을 몰랐다가 나중에야 알고서 절교하였습니다."

말을 마친 후 정여립이 고개를 들어 임금을 보니 몹시 못마땅한 낯빛이었습니다. 그 모습에 정여립은 욱하고 말았지요.

"다시는 전하를 뵙기 어렵겠습니다."

그러고는 경연장을 나와 버립니다. 다시는 궁궐로 돌아가지 않았고요.

당연히 조정에서는 난리가 났습니다. 왜 안 그랬겠습니까. 하늘 같은 임금에게 불손하게 군 데다 새파랗게 젊은 선비가 조선 최고의 학자이자 개혁 정치가로 추앙받는 이이를 대놓고 비판까지 했으니까요. 이 일이 알려지자 이이를 따르는 선비들이 들고일어납니다.

이이에게 등을 돌린 이유

그런데 정여립은 왜 이이를 비판했을까요?

처음엔 정여립도 이이를 무척 존경했습니다. 과거 급제 후 이이 집을 자주 드나들었습니다. 학문과 정치에 관해 논하며 가깝게 지냈지요. 그때 이이는 "호남에서 학문과 재주는 정여립이 최고"라며 정여립을 추켜세우곤 했습니다.

그러던 어느 날 정여립이 좀 못마땅한 점이 있어 이이에게 물었습니다.

"선생님, 서인만이 이 나라의 사대부가 아닐진대 어찌 선생님 문하에는 서인만 있습니까?"

당시 선비들은 동인과 서인으로 갈려 당쟁을 일삼았는데, 서인 대부분이 이이를 따랐습니다. 그러자 이이가 말합니다.

"동인은 반대만 하고 있네."

정여립은 물러서지 않았습니다.

"그래도 그렇지요. 동인에도 훌륭한 인물이 많은데 무조건 배척하는 건 나라를 위해 도움이 되지 않는 일 아닙니까. 사람이면 다 같은 사람이지 동인, 서인 다르게 대우하는 건 문제가 아니겠습니까?"

훗날 어떤 이들은 "서인 세력이 조정에서 쫓겨나자 정여립이 동인 편에 붙어 이이를 공격했다"고 비판했지만 실상은 그렇지 않았습니다. 당시 정여립은 어디에도 속하지 않았습니다. 그저 서인, 동인 가리지 않고 괜찮은 사람이다 싶으면 어울리고 싶었던 것뿐이죠.

무능한 임금은 갈아 치워라

고향에 내려온 후 정여립은 깊은 고민에 빠졌습니다.

'선비 된 자로서 장차 이 나라, 이 백성을 위해 무엇을 할 것인가. 무능한 군주, 당리당략에 빠진 사대부들, 그로 인해 고통받는 백성, 이대로 보고만 있어야 하는가…'

정여립은 무언가 해야겠다고 생각하고 대동계라는 조직을 만들었습니다. 제자가 물었지요.

"선생님, 대동이 무슨 뜻입니까?"

"큰 대(大)에 한 가지 동(同), 크게 하나가 된다는 뜻이다."

"크게 하나가 된다는 게 무슨 뜻입니까?"

"양반, 상민, 노비 구분 없이 모두 평등하게 살자는 뜻이다."

그 말에 모두 경악합니다. 그럴 만하죠. 조선은 신분 구별이 목숨보다 중요한 사회니까요. 그러니 이 얼마나 위험한 생각입니까. 하지만 정여립은 만인이 평등하다고 생각했습니다. 그건 공자의 생각이기도 합니다. 정여립은 놀라는 제자들에게 말합니다.

"너희가 성인으로 추앙하는 공자께서는 자기 부모뿐 아니라 남의 부모도 사랑하고, 자기 자식뿐 아니라 남의 자식도 사랑하며, 노인이 편히 세상을 마칠 수 있고, 어린이가 잘 자랄 수 있으며, 홀아비와 과부와 고아와 아픈 사람들 모두 돌봄을 받으며, 자기만을 위해 재산을 감추지 않으니 도적이 없고, 도적이 없으니 대문을 닫아걸지 않는 세상, 이런 세상을 가리켜 '대동'이라 하셨다. 이제 알겠느냐?"

참으로 꿈에서나 볼 수 있는 세상이지요. 하지만 정여립은 대동세상이 불가능하다고 생각하지 않았습니다. 아주 오래전 중국에 그런 세상이 있었으니까요. 중국의 전설적인 성군 요임금과 순임금이 다스리던, 요순시절 말입니다. 그 시절 백성은 임금이 누군지 관심을 가질 필요도 없이 그저 열심히 자기 일을 하며 행복하게 살았답니다. 말 그대로 태평세월이지요. 정여립은 조선을 그런 나라로 만들고 싶었습니다.

그제야 스승의 뜻을 이해한 제자들이 묻습니다.

조선의 공화주의자 _ 정여립

"선생님, 그럼 대동 세상을 만들려면 어떻게 해야 합니까?"

정여립이 대답합니다.

"먼저 어질고 현명한 사람을 찾아 임금으로 세워야 한다."

그 말에 제자들은 또 놀랍니다.

"지금 나라에 임금이 계신데 어찌 다른 이를 임금으로 세운단 말씀입니까?"

정여립의 눈매가 날카로워집니다.

"나라는 온 백성의 소유물인데, 어찌 정해진 임금이 있겠느냐."

제자들은 벌린 입을 다물지 못했지요. 왜 안 그렇겠습니까. 이씨

만이 왕위를 이을 수 있는 나라에서 다른 임금이라니요! 역적이나 할 소리 아닙니까!

정여립은 놀란 제자들을 보며 조금 누그러진 표정으로 말합니다.

"맹자께서 말씀하셨다. 군주가 군주답지 못하면 군주를 바꾸는 것이 정당하다. 순자께선 이렇게 말씀하셨다. 임금은 배요, 백성은 물이니 물은 배를 띄우기도 하지만 엎어 버리기도 한다고 말이다. 이게 무슨 뜻이냐? 천하의 주인은 정해져 있는 것이 아니라는 공자님 말씀처럼, 임금이 임금답지 못할 땐 그 임금을 버리고 어질고 현명한 이를 임금으로 세워야 한다는 뜻이니라. 요임금이 바로 그랬다. 아들을 후계자로 삼으라는 신하들의 요청을 거절하고 어질고 능력 있는 순에게 왕위를 물려주었지. 그 덕에 요순은 대동 세상 같은 태평성대를 이룰 수 있었던 것이니라."

대동계 계원들은 매달 보름날에 모여 말을 타고 활을 쏘며 무예를 연마했습니다. 계원 중에는 양반들도 있었지요. 적어도 이 모임에서는 양반과 노비 모두 같은 사람일 뿐이었습니다. 대동 세상을 꿈꾸며 다 같이 어우러진 거지요. 이런 세상을 실현하려고 한 정여립을 저는 조선 최고의 개혁가로 추천하겠습니다.

왕을 신처럼 여기던 시대가 있었지만 어느 순간 민중은 그 왕도 자신들과 같은 사람임을 자각하기
시작했다. 그림은 프랑스혁명이 일어나 단두대에서 목이 잘린 루이 16세. 우리 현대사에도
4·19혁명을 비롯해 최고 권력자를 자리에서 끌어내린 사건들이 있다.

위원장 하, 발표는 잘 들었소. 한데 지금 조선에서 양반, 상민, 노비 등 신분이 다른 사람들이 평등하게 산다는 게 도무지 말이 안 되고, 임금이 임금답지 못하면 현명한 이로 바꿀 수 있다는 발상 자체도 너무 불온해서….

위원 연산군은 폭정이 심해서 쫓아내지 않았습니까?

위원장 어허, 어찌 지금의 주상을 연산군과 비교한단 말이오!

위원 말이 그렇다는 얘기입니다. 앞서 말씀드렸듯이 지금은 세계적으로 변화의 시기입니다. 이전 질서만 고집해서는 아니 될 줄 압니다. 근본적인 변화와 개혁이 필요합니다. 제가 다녀온 미국이라는 나라는 대통령이라고 부르는 왕을 몇 년마다 새로 뽑는데 아무도 그 방식을 이상하다고 생각하지 않습니다.

위원장 허허 그것참, 그대 나이가 올해 몇이시오?

위원 겨우 약관(弱冠)*을 넘겼습니다.

위원장 아직 어린 자가 어찌 그리 발칙하고 위험천만한 생각을 하는가?

위원 요즘 저와 같은 생각을 하는 이십 대가 꽤 많습니다.

위원장 허허 그것참, 나라가 어찌 되려고…. 요즘 젊은 것들은 정말….

위원 위원장 영감이야말로 꼰대십니다.

위원장 꼰대? 그 무슨 말인가?

위원 그런 말을 모르신다니 정말 꼰대시군요. 그런 말이 있습니다.

위원장 허허 이런 발칙… 참, 기가 막히는구먼. 내 더 말해 무엇 하겠소. 정여립이 어떤 인물인지나 한번 들어 봅시다.

위원 네. 바로 보여 드리겠습니다.

수상한 비밀 장계

1589년 10월 2일 늦은 밤 선조는 급박하게 올라온 장계(狀啓)를 받는다.

장계는 조선 시대 왕명을 받고 지방에 나가 있는 신하가 자기 관하의 중요한 일을 왕에게 보고하는 문서예요. 당시 지방의 중요한 사건을 보고한 것이어서 사료로서 가치가 크죠. 그나저나 무슨 큰일이 벌어졌기에 이 야밤에 선조는 신하들을 불러들인 걸까요?

보고자는 황해도 관찰사 한준. 내용은 반역 모의였다.

"정여립이 반역을 모의했다 합니다. 전주와 황해도 지방의 대동계 계원들을 이끌고 금강을 지나 한강이 얼어붙을 때를 잡아 한양으로 쳐들어와 궁궐을 침범할 것이라 하옵니다."

보고서를 쥐고 있던 선조의 손이 부들부들 떨렸다.

선조는 당장 모든 신하를 대궐로 불러들인다.

"정여립이 어떠한 자인가?"

한 신하가 답했다.

"그저 독서하는 선비일 뿐입니다."

선조는 격노했다.

"독서한다는 자가 이런 일을 꾸민단 말이냐!"

정여립이 그럴 사람이 아닌데….

정중부 태몽

정여립은 1546년 전주에서 태어났다.
대대로 명문가 집안이었다.
아버지가 고려 시대 무장 **정중부**가
나타나는 태몽을 꾸었다고 한다.

정중부는 무신 정변을 일으킨 주역.
이 때문에 아버지는
자식이 훗날 안 좋은 일에 연루되지는
않을까 싶어 께름칙해했다.

내가 거기서도
출현했다고?

정중부 ━━━━━━━
고려 시대 무신이다. 고려는 문신 중심 사회였
다. 문신이 무인을 함부로 대하는 상황이 계속
되자 정중부는 불만이 쌓인 무인들을 이끌고
들고일어나 조정을 장악한다. 정중부 이후 고
려는 무신이 집권하게 된다.

정여립의 어린 시절은 《선조수정실록》에서 엿볼 수 있다.
일곱 살 무렵, 새 한 마리를 잡아 칼로 토막 내 죽였다고 한다.
어린 여종이 이 일을 정여립 아버지에게 일러바치자
아무도 없을 때 정여립이 그 여종을 죽였다.
그러고는 태연히 자기가 한 짓이라고 말해
아버지와 집안사람 모두가 충격을 받았다는 내용이다.
아버지가 지방 군수로 근무하던 열여섯 살 때는
죄인들을 잔인하게 다스려 아전들이 정여립 아버지보다
정여립을 더 무서워했다는 내용도 있다.

선조가 사망한 후 조정에서는 《선조실록》을 편찬하였다.
그런데 선조에 이어 즉위한 광해군은 인조반정으로 왕위에서 쫓겨났다. 그러자
인조를 지지한 서인과 남인들은 북인이 편찬한 《선조실록》 대신 새로이 왕조실록을
편찬해야 한다고 주장했다. 그렇게 새로 편찬한 것이 《선조수정실록》이다. 따라서
《선조수정실록》 역시 편찬자의 뜻에 따라 편찬되었으니 그대로 믿기 어렵다.

나를 이상한
사람으로 묘사해 놓은
바로 그 책이구먼?

그럼에도 이편저편에서 공통으로 말하는 것은
정여립 성격이 강직하고 직설적이며 강퍅했다는 점이다.

학문이 깊고 변론에 능하고

정여립은 스물넷에 과거에 급제한 후 벼슬길에 나선다.
이이와 성혼 등 서인의 문하에서 배우고 교류한다.
한 서인은 정여립에 대해 이렇게 평했다.

**"넓게 보고 잘 기억하여 경전을 꿰뚫고,
논의할 때는 격렬하여 거센 바람이 이는 듯하다."**

이이는 이런 정여립을 아껴
홍문관 등 핵심 관아의 요직에 천거한다.
하지만 정여립은 선조의 인물됨과 능력에
크게 실망하고 궁궐을 떠난다.

과거에 급제도 했으니
공무원 생활 좀
해 볼까~

고향으로 돌아온 정여립에게
많은 눈이 쏠렸다.
정여립과
친분이 두터웠던
이발(李潑)은
"정여립이 호남에서
학문하는
사람 중 최고"라고
평했다.

호남의 넘버원,
정여립!
- 이발 추천

왕도 갈아 치울 수 있다!

학문에 매진하던 정여립의 머릿속은
당시 조선에서는 감히 상상도 할 수 없는 위험한 생각들로 가득했다.

'천하공물(天下公物), 즉 천하는 공공의 것인데
어찌 정해진 주인이 있겠는가!
하사비군(何事非君), 누구를 섬기든
임금이 아니겠는가!'

누구를
섬기든
임금이다!

노비에게도
새 세상이 오는구나!
나도 임금이 될 수
있을까?

특별한 경우가 아니고는
한 번 왕이 되면 죽을 때까지
왕이 되는 걸 당연시하던 시대에
왕을 갈아 치울 수 있다고 생각한 것이다!

정여립은 양반, 노비 등 신분의 구별 없이
모두 평등하게 어우러져 사는 세상을 꿈꾸며
대동계를 조직한다. 곧 계원이 수백 명에 이른다.

일본군을 물리쳤는데
도리어 의심을 받다니!

대동계 계원들은 매달 보름날 죽도에 모여
군사훈련을 했다.
이 노력은 1587년 정해년에 빛을 발한다.
일본군이 배 수십 척을 이끌고 여수 부근인 손죽도를 침략했을 때
대동계원들이 달려가 일본군을 물리친 것이다.

일본군은 조선인들을 포로로 잡아가기도 했는데
이 때문에 정여립은 정부의 무능에 다시 한 번
치를 떨었다.

그런데 대동계가 일본군을 물리친
소식을 들은 선조는
공을 치하하기보다 도리어
정여립을 의심하기 시작한다.
그렇게 막강한 사병 집단이라면 반란군이 될 수도
있다고 본 것이다.

흠,
일본군을 물리쳐 준 건
기특하지만, 이놈들이
나를 공격하면
어쩐다?

역모를 꾀하다?

그 순간 선조의 의심을 확신으로 만든 장계가 도착한 것이다.
선조는 분노로 몸을 부르르 떨며 **금부도사(禁府都事)**를
전주로 급히 보낸다.

금부도사 ────────
임금의 특명에 따라 중한 죄
인을 신문하던 벼슬

신하들은 정여립이 성격이 좀 강직해서 그렇지
역모를 꾸밀 사람은 아니라고 입을 모았다.
한양으로 압송돼 오면 예의 그 날카로운 논변으로
자신의 무고를 주장할 것이고, 그럼 자연스레 오해가
풀리리라 믿었다.

그러나 사건은 그렇게 흘러가지 않았다.
체포 소식을 전해 들은 정여립이 아들과 측근을 데리고
죽도로 피신하면서 역모는 사실로 굳어진다.

군사들이 죽도를 에워쌌다.
진안 현감이 외쳤다.
"죽도 선생, 나와서 죄 없음을 밝히시오."
정여립의 동지가 말했다.
"싸워 탈출합시다."
정여립은 어두운 표정으로 말했다.
"저들이 활을 겨누고 있어 빠져나갈 방도가 없네. 우리 때문에 어찌 무고한 양민을 죽게
할 수 있겠는가. 우리가 자결하는 것만 못하네."
말을 마치자마자 정여립은 동지와 아들을 차례로 베었다.
아들은 칼이 빗나가 달아났다. 정여립은 자결했다.

조선의 공화주의자

정여립의 시신은 한양으로 옮겨
저자에서 갈가리 찢었다.
집안 식구들은 모두 죽임을 당했고
집은 헐리고 집터는 숯으로 지지고 파헤쳐 연못을 만들었다.
다시는 반역의 씨앗이 자라지 못하게 하겠다는 뜻이다.
이후 정여립이란 이름은 금기어가 되었다.

역사가 신채호는 《조선 상고사》에서 정여립을 이렇게 평했다.

이런 날이 올 줄이야.
내 이름으로 된
길이라니~

정여립로
Jeongyeorip-ro

"정여립은 400여 년 전에
군신강상론(君臣綱常論, 임금과
신하 사이에서 지켜야 할 도리)을
타파하려 한 동양의 위인이다."

전주에 가면 '정여립로'가 있다.
생가 터로 추정되는 곳에는
'정여립공원'도 조성하였다.
조선 최고의 '역적'이
후손들에게 재조명되는
이유는 무엇일까.

정여립로와 정여립공원에 세운
정여립 조형물. 그가 주창한 '천하공물'을 새겨 놓았다.

지금의 정당을 조선 시대에는 붕당이라고 했다. 붕당(朋黨)이란 뜻을 같이하는 무리라는 뜻이다. 공자는 붕당을 "정치를 어지럽히는 사악한 무리"라며 부정적으로 봤지만, 송나라 성리학자 주자는 "붕당이라고 해서 다 나쁜 건 아니다. 소인배들이 모인 당은 나쁘지만, 군자들이 모인 당은 좋은 것"이라고 말했다. 이이는 "붕당이 문제가 아니라 군자와 소인의 구별이 중요하다"며 주자의 주장을 옹호했다.

조선에서는 선조 때인 1575년 붕당이 처음 생겼다. 관리의 임명과 승진 등의 일을 맡아 보는 이조전랑 자리를 놓고 김효원과 심의겸이 대립하자 선비들도 둘로 갈렸다. 김효원을 지지하는 세력은 동인, 심의겸을 지지하는 세력은 서인으로 불렸다. 이후 동인은 다시 남인과 북인으로 갈리고, 서인은 노론과 소론으로 분당되었다.

붕당정치는 조선이 무너질 때까지 300여 년간 지속됐다.

이해 다툼인 당쟁

붕당은 서로 비판하고 견제하며 상생하다가, 어느 때는 피비린내 나는 당쟁을 벌였다. 앞서 언급한 기축옥사가 그 예다. 당쟁 때문에 벌어진 가장 큰 비극을 꼽으라면, 영조가 자신의 아들인 사도세자를 뒤주에 가두어 죽게 만든 사건이다. 영조 때 조정은 노론 세력이 우세했는데, 노론은 소론과 친한 사도세자가 임금이 되면 자신들에게 불리할 것을 염려해 영조와 사도세자 사이를 끊임없이 이간질했고, 끝내 사도세자를 죽음으로 몰아갔다.

《조선왕조실록》과 사도세자의 부인 혜경궁 홍씨가 쓴 《한중록》에는 정신 질환을 앓던 사도세자가 사람을 함부로 죽이자, 영조가 사도세자를 뒤주에 가두어 죽였다고 기록돼 있지만, 오늘날 많은 역사학자는 사도세자를 당쟁의 희생양으로 분석한다. 영조는 탕평책(蕩平策)*을 통해 누구보다 강력하게 당쟁의 폐단을 없애려고 노력했지만, 역설적이게도 당쟁에 휘말려 자기 아들을 제 손으로 죽이고 말았다.

실학자 이익도 〈붕당론〉이란 글에서 당쟁의 폐해를 비판했다.

탕평책
조선 시대 영조가 당쟁의 폐단을 없애기 위해 각 당파에서 고르게 인재를 등용하려던 정책.

"붕당은 다투는 데서 생겨나고, 다툼은 이해(利害)에서 생긴다. (…) 우리나라는 사람을 과거제로만 뽑는다. 처음에는 뽑는 수가 적었는데, 선조 이후로 점차 늘어났다. (…) 대개 이익은 하나인데, 사람이 둘이면 곧 두 개의 당으로 나뉘고, 이익은 하나인데 사람이 넷이면 당은 넷으로 갈라진다. (…) 그렇다면 어떻게 해야 옳은가? 과거를 줄여서 아무나 진출하는 것을 막아야 한다. 고과 성적을 밝혀서 용렬한 자들을 도태시켜야 한다. (…)"

실학자 유형원도 극심한 당쟁의 폐해를 보며 다음과 같이 경고했다.

"이 나라는 당쟁 때문에 망할 것이다."

당리당략을 중시하는 지금의 정치인들이 귀담아들어야 할 직언이 아닐까.

누구도
차별받지 않는
세상을
만듭시다!

신분 차별 철폐를 외친

허균

"하늘이 사람을 낼 때 귀한 집 자식이라고
해서 재주를 더 주는 것도 아니요. 천한
집 자식이라고 해서 재주를 덜 주는 것도
아닌데. 신분 때문에 사람을 차별하는 게
말이 되는가."

위원장 다음 제2 위원 발표하세요. 추천할 인물이 누군가요?

위원 허균입니다.

위원장 허허, 허균이라면 조선 최고의 개혁가가 아니라 역모 죄로 처형당한 자 아니오! 제1 위원도 그렇고 왜들 이러시오? 오늘 이 자리가 무슨 불후의 역적을 가리는 자리요?

위원 앞서 발표한 정여립도 그러합니다만 인물에 대한 평가는 시대에 따라 달라지는 것이어서….

위원장 그래도 그렇지, 아무리 지금 개혁에 도움이 된다 하더라도 어찌 우리가 역적을 입에 담을 수 있겠소!

위원 다시 말씀드리지만 시대가 변했습니다. 갑신정변과 동학농민운동을 일으킨 이들이 공통으로 주장한 게 뭡니까? 그중 하나가 신분 제도를 철폐하자는 것 아닙니까! 허균이 이미 300년 전에 주장했던 내용입니다. 허균은 역적이 아니라 신분 제도 철폐를 부르짖은 선구자이자 개혁가로 봐야 할 것으로 사료됩니다.

위원장　그래서요? 이번에 발표할 내용이 허균이 주장했다는 신분 평등이오? 신분제를 없애서 노비가 상전도 몰라보는 그런 뒤죽박죽인 나라로 만들자는 말씀이오? 외국 물 좀 자셨다고 해서 참 자유롭게 생각하는 것 같소. 나 때는 말이요….

위원　위원장 영감, 나 때는 말이요 하고 말씀하시면 꼰대 소릴 들으십니다.

위원장　그 꼰대 소리 좀 그만하시오!

위원　알겠습니다. 영감 말씀처럼 신분 평등이 아직까지 조선에서는 받아들이기 어려울 수 있으나 그런 주장을 한 허균이 어떤 사람인지, 조선을 어떻게 바꾸고 싶어 했는지는 알아볼 필요가 있다고 사료됩니다. 지금 조선의 문제를 푸는 데 도움이 될지 누가 알겠습니까?

위원장　허허, 알았소이다. 어디 들어나 봅시다.

위원　그럼 시작하겠습니다.

예불을 올린 선비

허균(1569~1618)이 왜 신분 차별 없는 세상을 주장했는지는 그가 쓴 소설《홍길동전》을 보면 잘 이해할 수 있을 겁니다. 소설 한 부분을 들어 보시겠습니까?

어느 달 밝은 가을밤, 방에서 책을 읽던 길동이 자신의 신세를 생각하매 심장이 터질 듯 서러워 홀로 뜰에 나가 무예를 연마하던 중이었더라. 홍 대감이 그 모습을 보고 길동에게 "이 야심한 시각에 어인 일로 나와 있느냐" 하니, 길동이 목멘 소리로 "대감, 저는 양반인 대감의 정기를 받아 태어난 자식이온데, 서자라는 이유로 아버지를 아버지라 부르지 못하고[*], 형을 형이라 부르지 못하니 세상에 이처럼 억울한 경우가 어디 있겠습니까" 하니, "네 이놈! 너의 서러운 마음

적서 차별

다음은 유형원의 《반계수록》에 쓰여 있는 적서 차별의 예다.

• 서얼은 적자(본처의 자식들)를 매사 지극히 공경스럽게 섬겨야 한다.
• 서얼은 적자에 감히 맞서거나 적자와 나란히 앉아서는 안 된다.
• 서얼과 적자가 한자리에 앉을 경우 서자는 적자가 앉은 자리에서 약간 뒷줄에, 얼자는 서자보다 좀 더 뒷줄에 앉는다.
• 서얼은 말을 타고 가다가 적자를 만나면 말에서 내려야 한다.
• 서얼은 적자가 나이가 어려도 절대로 '너'라고 반말을 해서는 안 된다.
• 서얼은 큰 부자가 되어도 적자를 멸시해서는 안 된다.
• 서얼이 적자에게 무례하게 굴면 관아에서 벌로 다스린다.

신분 차별 철폐를 외친 _ 허균

을 내 모르는 바 아니나 신분 구별이 엄연한데 어찌 그리 방자한 말을 하느냐. 다시 그런 마음을 품으면 내 다시 너를 보지 않을 것이다"며 꾸짖었다.

허균은 길동이 신분 차별에 한을 품고 집을 나와 의적이 되어 탐관오리를 혼내 주는 이야기로 소설을 마무리하면 어떨까 하고 고민 중입니다. 이 소설을 쓸 당시 허균이 한가했을 것 같지만 당시 그는 무척 심란한 상황이었습니다. 공주 목사로 있다가 해고된 직후였기 때문이죠. 사실 잘린 건 이번이 처음은 아닙니다. 근 10년 동안 임

명과 파직을 반복했지요. 무능해서냐고요? 전혀 아닙니다. 자유분방한 사람이었기 때문이죠.

자, 이제 허균이 어떤 사람이었는지 말씀드리겠습니다. 허균은 과거 급제 후 역사를 기록하는 예문관에서 벼슬을 시작했는데, 유교 경전이면 경전, 역사면 역사 모르는 것이 없었습니다. 그뿐인가요. 글을 아주 잘 썼습니다. 하지만 종일 궁궐에 틀어박혀 있자니 좀이 쑤셨습니다. 지방 관리가 되어 좋은 경치 구경하고 맛난 음식 먹으며 조선 팔도를 누비고 싶은 마음이 간절했지요. 그러던 차에 황해도 도사로 발령이 납니다.

황해도로 간 허균은 몸에 날개라도 달린 양 신이 나서 돌아다닙니다. 이곳저곳 유람하고 이 고을 저 고을 수령들에게서 극진한 대접도 받지요. 그러다 잘렸습니다! 한양에서 기생들을 불러다 같이 놀러 다녔다는 이유로 말이지요.

몇 년 뒤 이번엔 삼척 부사가 됩니다. 하지만 부임한 지 한 달도 못 돼 또 잘립니다. 관아에 불상을 모시고 아침저녁으로 예불을 올렸기 때문이지요.

왜 자유분방한 사람이라고 했는지 알겠지요? 허균은 틀에 구애받지 않는 사람이었습니다. 일례로 비록 유학을 공부한 선비지만 불교든 도교든 가리지 않고 탐구했습니다. 도라는 게 유교에만 있지 않고 불교와 도교에도 있다고 생각했으니까요.

신분 차별 철폐를 외친 _ 허균

이런 허균을 유학자들이 가만둘 리가 없지요. 조선에서는 유학이 아니면 모두 이단이었으니까요. 예불 소식을 접한 사헌부 관리들이 허균을 파직하라며 연일 상소를 올립니다. 처음에 선조는 "뭐그 정도 일을 가지고 그러느냐"며 무시합니다. 하지만 다음 날도, 또 그 다음 날도 상소가 이어지자 결국 버티지 못하지요.

그런데 선조는 허균을 파면한 얼마 뒤 다시 중국 사신을 맞이하는 수행원으로 임명합니다. 허균이 중국 사신과 만난 자리에서 사서육경과 고전에 관해 막힘없이 얘기하자 중국 사신이 감탄을 금치 못하지요. 이 공로로 허균은 다시 공주 목사로 임명됩니다.《홍길동전》을 쓰기 바로 몇 달 전의 일이지요.

서자가 어때서?

하지만 앞서 밝혔듯이 이번에도 허균의 관직 생활은 오래가지 못했습니다. 이번엔 또 무슨 잘못을 했는지 사헌부 관리들이 올린 상소문을 읽어 드리겠습니다.

"전하, 공주 목사 허균은 신분이 천한 자들을 불러 모아 그들과 한데 어울리며 유학자의 도를 어지럽혔습니다. 품행이 방자한 허균을 파직하소서."

맞는 말입니다. 허균은 공주 목사로 부임하자마자 절친한 벗 이재영을 공주로 불러들였습니다. 이재영 말고 친구 몇을 더 불러들였는데, 문제는 이들이 모두 서자라는 것이죠. 서자(庶子)는 아버지는 양반이지만 어머니가 상민일 경우, 얼자(孼子)는 어머니가 천민일 경우 그 자손을 일컫는 말입니다. 서얼은 집안에서도 천하게 여겨 재산 상속권이 없었고 벼슬길에 나가기도 어려웠습니다. 양반인 허균이 이런 천한 자들과 어울린다며 양반들이 파직을 요구한 것이죠.

허균은 서자인 친구들을 볼 때마다 안타까웠습니다. 자기보다 재주가 뛰어난데도 단지 서자라는 이유로 과거도 보지 못하고 벼슬길에도 나가지 못하니까요. 허균이 신분을 개의치 않은 데에는 남달랐던 집안 분위기의 영향도 있습니다.

허균의 아버지 허엽은 여느 양반과 달리 남녀 차별을 별로 하지 않았습니다. 딸에게도 초희*라는 이름을 지어 주었을 정도니까요. 그뿐 아니라 아들들과 똑같이 글과 시를 가르쳤습니다. 여성들은 담장 밖으로 이름이 새 나가지 않는 것을 가장 큰 미덕으로 여기던 시대니 꽤 진보적인 아버지였던 셈이지요.

이런 집안에서 자란 덕분에 허균은

초희 ▬▬▬▬▬▬▬
조선 중기의 시인 허난설헌의 본명이다. 난설헌은 호다. 어릴 때부터 시를 잘 지었다. 열다섯 살에 결혼했는데 결혼 생활이 원만하지 못했다. 자식들도 모두 일찍 죽었다. 삶의 고통을 시를 쓰며 견뎠다. 스물일곱 살에 세상을 떠났다. 임종 때 유언에 따라 작품을 모두 태워 버렸다. 하지만 동생 허균이 남아 있는 누이의 시를 모아 시집 《난설헌집》을 엮었다. 중국에서 사신이 오면 "난설헌의 시집을 구해 달라"고 부탁할 정도로 중국에서도 애송되었다.

신분 차별 철폐를 외친 _ 허균

우연히 큰 스승을 만나게 됩니
다. 허균이 열네 살 되던 해
봄이었지요. 작은형이 웬 선
비를 모셔 왔습니다. 허균은
인사만 드린 후 누이와 계속 시가
어떻고 문장이 어떻고 하면서 떠들어
댔습니다. 그때 형이 "균아, 네가 어
찌 대시인을 몰라보고 이리 경거망
동하느냐?"며 나무라는 겁니다.

세 가지 한이 있다.
왜 조선에서 태어났을까,
왜 여자로 태어났을까,
왜 이 사람의 아내가
되었을까.

허난설헌

　선비는 허허 웃으며 잠시 뒤 시를 읊기 시
작합니다.

　　날이 맑아 구석진 난간에 오래 앉아
　　중문 닫아걸고 시도 짓지 않았네
　　담장 구석 작은 매화가 바람에 떨어지니
　　봄 마음이 살구꽃 가지 위로 옮겨 가는구나
　　- 〈호운(呼韻)〉

　시인 이달(李達)*이었지요. 그날부터 허균은 이달을 스승으로 모
시고 시를 배웠습니다. 스승은 자유분방하게 살았지만 인생에서 서

자 출신이라는 그늘을 지울 수는 없었습니다. 그 점이 허균은 못내 마음 아팠고, 신분 차별에도 문제의식을 갖게 되지요.

허균이 공주로 친구들을 부른 이유는 친구들에게 벼슬길을 열어 주고 싶어서였습니다. 허균은 친구들에게 속내를 털어놓습니다.

"얼마 전 선조 임금이 승하하시고, 광해군이 새 임금이 된 건 다들 알 테지? 자네들이 뜻을 모아 임금께 서자들에게 벼슬길을 열어 달라고 상소를 올려 보게. 광해군도 후궁의 몸에서 태어났으니 자네들의 청을 들어주실지 모르네."

친구들은 한 가닥 희망을 품고 상소를 올렸지만 별 반응이 없었습니다. 친구들은 크게 낙담했지요. 그 모습을 보니 허균은 착잡하고 씁쓸했습니다.

'하늘이 사람을 낼 때 귀한 집 자식이라고 해서 재주를 더 주는 것도 아니요, 천한 집 자식이라고 해서 재주를 덜 주는 것도 아닌데, 신분 때문에 사람을 차별하는 게 말이 되는가. 그러면서 인재가 없다, 인재가 없어 하니 이보다 더 한탄스러운 일이 또 있을꼬.'

이달 ━━━
조선 중기의 시인이자 서예가이다. 허균과 허난설헌에게 시를 가르쳤다. 재능은 뛰어났으나 서자이기 때문에 불우하게 사는 스승의 삶이 마음 아파 허균이 《홍길동전》을 지었다는 설이 있다.

공주 목사에서 파면된 뒤 허균은 전라도 부안으로 내려옵니다. 그때도 친구

신분 차별 철폐를 외친 _ 허균

들을 데려옵니다. 함께할 일이 있었기 때문이죠. 허균이 말합니다.

"이보게들, 옛날 진나라 말에 진승과 오광이 '왕후장상의 씨가 따로 있느냐'면서 들고일어났을 때 농민들도 같이 들고일어난 걸 알고 있을 걸세. 우리나라에서는 신라 말 견훤과 궁예가 썩어 빠진 나라를 뒤엎자고 했을 때 백성이 함께했었지. 자네들이라고 해서 그런 호걸이 되지 말란 법이 있겠나. 여기서 나와 함께 그 꿈을 이뤄가세."

그러자 한 친구가 말했지요.

"우리도 자네 뜻과 같네. 하지만 자네와 함께 있을 수는 없네. 자네가 다칠 걸세."

허균이 물었습니다.

"그럼 어찌할 생각인가?"

"여주로 가겠네. 여주 강변에 기거할 곳이 있네. 그곳에서 때를 준비할 생각이네."

아쉽지만 허균은 친구들을 보냅니다. 결의를 다지면서요.

여주로 간 친구들은 여주 강변에 사는 일곱 친구라는 뜻으로 '강변칠우'라는 조직을 만듭니다. 이들은 무예와 병법을 익히며, 뜻을 같이하는 사람들과 자금을 모았습니다. 허균은 친구들이 떠나기 전 한 가지 약속을 했습니다.

"내가 자네들과 함께 만들어 갈 세상에 관한 이야기를 지어 선물을 하겠네.”

그 이야기가 바로 《홍길동전》이지요. 즉, 서자라는 신분 때문에 차별받지 않는 세상, 백성 모두가 평등하게 살아가는 세상에 관한 이야기였지요. 물론 허균은 현실에선 그런 세상을 만들지 못했습니다.

하지만 허균 같은 이들로 인해 이후 세상은 조금씩 달라집니다. 한 예로 훗날 정조 임금은 이덕무, 유득공, 박제가 같은 서자 출신들을 규장각 검서관으로 등용합니다. 따라서 본 위원은 신분 타파를 주장한 허균이 조선 최고의 개혁가라 감히 추천하는 바이며, 그의 주장을 반영해 앞으로 조선을 신분 차별이 없는 나라로 바꾸어야 한다고 생각합니다.

위원장 잘 들었소. 서자와 얼자 차별을 없애고, 노비나 천민도 사람 대접을 해 주자, 이런 얘기지요?

위원 그렇습니다. 조선이 더 새로운 나라가 되려면 백성이 편안하게 살 수 있게 해야 하는데, 그러려면 먼저 신분 차별을 철폐하는 것이 급선무라 사료됩니다.

위원장 아주 좋은 말이오. 한데, 그대는 노비 없이 하루라도 살 수 있겠소? 농사는 누가 짓고, 소는 누가 키웁니까. 거 보세요. 대답을 못하지 않소. 서자들에게도 벼슬길을 열어 주면 좋겠지만 우리 양반과 똑같이 관직을 주면 관직은 한정돼 있는데 양반들이 가만있겠소? 쉬운 문제가 아니에요. 아무튼 발표 잘 들었소. 그나저나 부안에 있던 허균은 그 후 어찌 되었소?

위원 맛난 거 실컷 먹고, 좋은 경치 마음껏 즐기다가 급히 서울로 올라왔습니다.

위원장 왜요? 평생 거기서 본인이 지은 소설에서처럼 율도국이라는 이상 세계를 만들어 멋지게 살지 않고.

위원 예상치 못한 사건 때문이었지요.

위원장 사건?

위원 1613년 문경새재에서 일어난 강도 사건과 관련 있는데, 그 이야기는 〈이 사람이 궁금하다!〉에서 자세히 말씀드리겠습니다.

의문의 죽음

광해군 10년인 1618년 8월 24일.
"죄인 균은 밖으로 나와 형을 받으라."
역모 혐의로 의금부 감옥에 갇혀 있던 허균이 끌려 나왔다.
엊그제까지도 이이첨은 허균에게 은밀히 사람을 보내
"곧 풀려날 것이니 조금만 참으라"고 하지 않았던가.

하지만 조정에서는 허균의 심복들만 심문해
거짓 자백을 받아 냈고, 허균을 처형하기로 한다.

답정너
자백!!

'속았구나!'
허균은 아차 싶었지만, 이미 늦어 버렸다.
"할 말이 있다!"
목이 터져라 외쳤지만,
응답하는 목소리는 없었다.

광해군 10년 8월 10일
벽서 사건이 발생해요.
남대문에 "포악한 임금을 치러 하남
대장군인 정 아무개가 곧 온다…"는 벽서가 붙어
있었던 겁니다. 허균은 이 벽서 작성자로 몰려
능지처참을 당하죠. 그가 죽임당한 진짜 이유는
아직도 몰라요. 조선이 무너질 때까지
역적으로 남았다는 사실만
남아 있지요.

'집안을 뒤엎을 자'

허균은 1569년 강릉 초당마을에서 태어났다.
'초당'이란 마을 이름은 아버지 허엽의 호에서 따온 것이다.
허균의 집안은 고려 때부터 대대로 문장가를 배출한 명문이었다.
이런 집안 내력을 허균도 이어받았다.
허균과 동시대를 살았던 유몽인은 《어우야담》에서 허균에 대해 이렇게 말했다.

"역적 허균은 어려서부터 총명하고 영특했다.
아홉 살 되던 해 시를 지을 줄 알았는데
그 시가 아름다워 사람들은
'이 아이는 훗날 분명 문장을 잘하는 선비가 될 것'이라 말했다.
하지만 그의 큰매형 우성전만은 '그렇지만 허씨 집안을 뒤엎을
자도 반드시 이 아이일 것'이라고 우려했다."

허씨 집안을
뒤엎을 자도 반드시
이 아이일 것!

《어우야담》 표지. ⓒ고흥군청

어우야담
유몽인이 쓴 이야기 모음집이다. 왕실, 사대부 이야기부터 정사에는 기록될 수 없었던 저잣거리 이야기까지 다양하고 풍부하게 담겨 있다. 임진왜란 전후 조선 사람들의 생활상을 엿볼 수 있다. 조선 후기 성행한 야담집의 효시로 평가받으며, 조선시대 수필 문학의 백미로 꼽힌다. 유몽인은 인조반정 직후 광해군을 복위시키려는 모의에 가담했다는 혐의로 처형당한다.

《난설헌집》 출간

허균 하면 그의 누이 허난설헌을 말하지 않을 수 없다.
난설헌은 여덟 살에 산문 〈광한전 백옥루 상량문〉을
지어 신동 소리를 듣는다. 광한전은 신선이 산다는 궁궐.
그곳에 백옥루를 짓는데 상량식에 초대받아 본인이 **상량문**을
지었다는 내용이다.

> 난설헌은
> 난사람이야.
> 뭘 써도 기가 막혀~

상량문

집을 지을 때 기둥을 세우고 보를 얹은 다음 마룻대를 올리는 의식을 상량식이라 한다. 이때 집을 짓게 된 내력 등을 글로 쓰는데, 이것을 상량문이라 한다. 상량문은 마룻대에 직접 쓰거나 종이나 비단에 써서 통에다 넣은 다음 마룻대 등에 홈을 파고 넣기도 한다. 집주인이 직접 쓰거나 주변의 글 잘 쓰는 사람에게 부탁하기도 한다.

허균은 시평집인 《학산초담(鶴山樵談)》에서 "누님의 시와 문장은 하늘이 낸 것"이라며
"시어가 맑고 깨끗해 사람의 솜씨가 아니다"고 평했다.
난설헌의 오빠 허봉 역시 "누이동생의 글재주는 배워서 얻을 수
있는 게 아니다"며
"이태백이 남겨 둔 글이라 할 만하다"고 칭찬했다.

난설헌이 자신의 작품을 모두 태워 달라는 유언을 남겼지만
허균은 친정에 남아 있던 누이의 시들을 모아 《난설헌집》을 낸다.
당시 동아시아의 중심이었던 중국뿐 아니라
일본에서도 난설헌의 시가 애송되었다.

> 말 안 듣는
> 동생 덕분에
> 내가 빛을 봤구나.
> 고맙다, 동생아~

허균·허난설헌기념공원에 서 있는 난설헌 동상

불경을 읊는 유학자

허균은 삼척 부사로 발령받은 지 석 달도 안 돼 파직당한다.
불경을 읊고 불상을 모셔 놓고 절한다는 이유에서였다.
걱정하는 친구들에게 허균은
"나는 부처를 섬기는 게 아니라 불경의 문장을 좋아하는
거라네" 하고 안심시켰지만
끝내 불심을 버리지는 않았다.

허균이 불교에 심취하게 된 건
사명대사 유정을 만나면서다.
형 허봉이 죽었을 때 유정이 조문 온 것이 인연의 시작이었다.
유정은 불경뿐 아니라 여러 학문에 조예가 깊어 유학자들과 가까이 지냈다.
그중 하나가 허봉이었다.

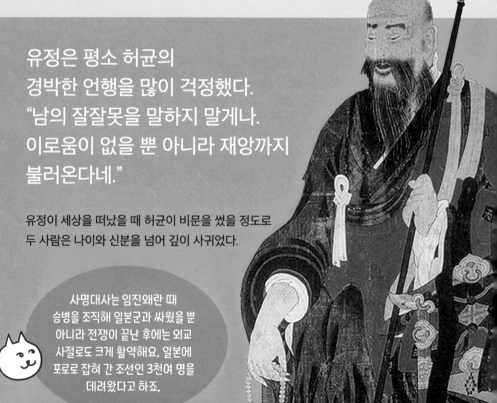

유정은 평소 허균의
경박한 언행을 많이 걱정했다.
"남의 잘잘못을 말하지 말게나.
이로움이 없을 뿐 아니라 재앙까지
불러온다네."

유정이 세상을 떠났을 때 허균이 비문을 썼을 정도로
두 사람은 나이와 신분을 넘어 깊이 사귀었다.

사명대사는 임진왜란 때
승병을 조직해 일본군과 싸웠을 뿐
아니라 전쟁이 끝난 후에는 외교
사절로도 크게 활약했어요. 일본에
포로로 잡혀 간 조선인 3천여 명을
데려왔다고 하죠.

홍길동이라는 분신

허균 하면 빼놓을 수 없는 것이
우리나라 최초의 한글 소설《홍길동전》이다.
왜 한글로 썼을까.

백성에게 널리 읽히길 바라는 마음에서였을 것 같다.

그래야 자신이 꿈꾸던 신분 차별 없는
평등한 세상이 하루빨리 올 테니까.

책을 쓴 시기는 서자 친구들이 거사를 준비하다
화를 당한 1613년 전후로 추정된다.

내가 한글을 만든
덕분에《홍길동전》같은
소설도 나올 수 있었던
것이네, 에헴~

《홍길동전》이
허균의 작품이 아니라는
주장도 있다.
하지만 허균의 제자
이식의《택당집》에 허균이
"《수호전》을 모방하여
《홍길동전》을 지었다"는
기록이 있다.

《홍길동전》은 서자인 홍길동이
집을 나가 도적떼 두목이 되어
의적 활동을 벌이다가
무리를 이끌고 율도국에 들어가
왕이 된다는 내용이다.

신분을 타파하고
이상 세계를
건설하려던

홍길동은
허균 자신이
아니었을까.

백정도 있고 노비도 있는데
왜 하필 서자를 주인공으로 세웠냐고?
친구들 중에 서자 출신이 많은 데다
내가 존경하는 스승 이달 선생이 서자였던
영향도 있다고 봐야지. 여하튼 길동을 통해서
신분으로 사람을 차별하는
세상을 바꾸고 싶었네.

문경새재 은상 강도 사건의 진실

1613년 봄 경상도에서 충청도로 넘어가는
문경새재에서
은장수를 죽이고 은을 강탈한 사건이 발생한다.
범인은 박응서. '강변칠우' 중 하나로,
이 일로 강변칠우와 가까이 지냈던 허균도
위험해진다.

정권 실세였던 이이첨은
단순 강도로 처리될 수 있었던 이 사건을
반대파인 소북파를 제거하는 데 악용한다.
소북파는 영창대군을 지지하고 있었다.

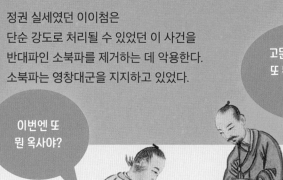

이이첨은 박응서에게 강변칠우가
인목대비의 아버지이자 영창대군의 외할아버지인 김제남과 내통해
광해군을 죽이고 영창대군을 왕으로 세우려 했고,
그 일에 들어갈 자금을 마련하기 위해 강도짓을 했노라고
거짓 자백을 시킨다. 이 대가로 박응서는 살아남는다.

결국 영창대군과 영창대군의 외할아버지 모두 억울하게 죽임을 당한다.
일곱 서자로 인해 발생한 옥사라 해서 이 사건을 '칠서지옥(七庶之獄)'이라 한다.
자연스레 이 사건은 역모 사건으로 커졌고 많은 이가 죽거나 유배를 간다.
계축년에 일어나 '계축옥사'라고도 한다.

혁명을 준비하다

칠서지옥 사건 후 허균은 이이첨에게 접근한다.
거사를 준비할 동안 자신을 지켜 줄 보호막으로 삼은 것이다.
최고 권력자의 눈에 든 보람이 있었다.
허균은 승진에 승진을 거듭했다.
광해군의 마음도 얻었다.

> 허균이 계속
> 승진을 한다고!!

광해군

조선의 제15대 국왕(재위 1608~1623). 임진왜란 때 세자로 책봉됐다. 후금과
명나라 사이에서 중립 외교를 펼친 외교 전문가다. 대동법을 비롯해 여러 정책을
펼치면서 전후 복구에 힘썼다. 하지만 당쟁에 휘말려 재위 기간에 옥사가 자주 일
어나게 했고 이복동생인 영창대군을 죽이고 인목대비를 유폐한 일 등은 오점으로
남았다. 서인이 인조반정을 일으켜 폐위시켰다.

허균은 광해군이 대놓고 말하지는 못하지만
가장 껄끄러워하는 존재인 인목대비를 폐비시키는 일에 앞장선다.
그 과정에서 폐비에 반대하던 영의정 기자헌과 대립한다.
결국 기자헌은 유배를 가고, 기자헌의 아들 기준격은
아버지를 구하기 위해 허균이 역모를 꾸미고 있다는 비밀 상소를 광해군에게
계속 올린다. 광해군은 믿으려 하지 않았지만, 이이첨은 달랐다.

허균이 점점 더 임금과 가까워져 불안한 데다
세자빈인 외손녀가 아들을 낳지 못하자 허균의 딸이
세자의 후궁으로 간택된 것도 거슬렸다.
허균을 제거할 기회를 엿보았다.

허균도 거사를 위해 바삐 움직이지만,
남대문 벽서 사건으로 체포되고 만다.
광해군을 비방하고 민심을 선동하는 내용이었다.
허균의 심복이 벽서를 붙인 사실이 밝혀지면서
허균이 주모자로 지목된 것이다.

"할 말이 있다!"

"오늘 죽이지 않으면
무슨 일이 일어날지
모릅니다.
빨리 죽여야 합니다."
이이첨 등이 광해군을 재촉했고,
제대로 국문도 하지 않고 곧장 형이 집행된다.
사형장으로 끌려가던
허균이 "할 말이 있다!"고 외쳤으나
광해군은 외면했다.

조선 시대엔 사형을 하려면
죄인의 자백을 받고 결안(結案)이란
문서에 서명도 해야 했는데,
허균의 경우엔 이 과정이
생략됐대요. 대체 무슨 이유로
그렇게 빨리 죽여야 했을까요?

곧바로 형이 집행되었고,
허균의 사지가 떨어져 나갔다.
목은 장대에 매달렸다.
쉰 살이었다.

5년 뒤 서인 세력이 들고일어나
광해군을 몰아내고 인조를 왕으로
세운 후 허균과 관련돼 억울하게
죽은 이들이 누명을 벗었다.
하지만 허균은
조선이 끝나는 날까지
역적으로 남았다.

저거, 허균 나리
목 아닌가?
눈뜨고 못 보겠네.

어이쿠
흉측해라!

조선 시대는 철저한 신분 사회였다. 조선 시대 최고 법전인《경국대전》을 보면 신분을 구별해 놓았다. 크게 양인과 천인으로 나누었는데 양인은 양반·농민·상인 등이고, 천인은 노비를 포함해 백정·광대·기생 등이다. 여기서 다시 양반, 중인, 상민(평민), 천민으로 세분화했다. 양반은 지배 계층으로 정치·경제적 기득권을 누리고, 통역을 담당하는 역관이나 의원 등이 그 아래에 중인으로 있었다. 상민 중 농민은 각종 세금을 내고, 병역 의무를 졌다. 천민은 국가나 양반의 소유물로 자유를 박탈당한 채 평생 천한 취급을 받으며 살았다.

　조선의 신분제에서 특이한 존재가 있는데, 바로 서얼이다. 서얼은 앞에서 말했듯이 아버지는 양반인데 어머니가 양인이나 천민인 자식이다. 서얼을 차별하는 서얼 금고법(庶孽 禁錮法)을 만든 건 태종이다. '금고(禁錮)'는 '벼슬에 쓰지 않는다'는 뜻이다.

태종은 왜 서얼 금고법을 만들었을까. 세자로 책봉된 동생 방석을 죽이고 왕위를 차지한 '왕자의 난'을 정당화하기 위해서란 해석이 있다. 방석은 서자는 아니었지만 두 번째 왕비의 자식이었고, 정도전은 외할머니가 천인이란 말이 있다. 또 고려 시대의 폐단을 없애기 위한 조치로 보는 해석도 있다. 고려가 멸망한 원인 중 하나가 지배층이 너무 많았다는 것이다. 막 문을 연 조선에서도 경계해야 할 일이었다. 그래서 지배층에 커트라인을 두고, 서얼을 배제했다는 것이다. 이런 정책이 가능했던 배경에는 성리학이 있다. 성리학은 '남녀유별'이란 말이 상징하듯이 위아래를 비롯해 서열 두는 것을 중시하는 이념이기 때문이다.

서얼 금고법 이후 서얼은 벼슬길로 나가기 어려웠다. 과거시험의 꽃이라는 문과에 응시할 수 없었고, 무과나 잡과에 합격해 관리가 되어도 진급에 한계가 있었다. 벼슬자리가 한정돼 있으니 양반들이 자리를 내주지 않으려 한 것이다.

서얼들의 끝없는 상소

이런 서얼 차별이 부당하다며 없애야 한다는 목소리도 있었다. 조광조는 "땅이 좁아 인물이 적은데 중국과 달리 서얼과 노비까지 제외하니 좋은 인재를 얻기 어렵다"며 서얼 차별 철폐를 주장했고, 이

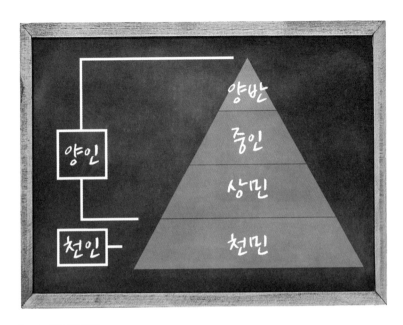

조선의 신분 제도

이도 같은 주장을 했다. 류성룡은 임진왜란이 일어나자 서얼은 물론 천민까지 공을 세우면 관직에 오르도록 하자고 건의해 실제로 서얼이 관리가 된 경우도 있었다. 하지만 전쟁이 끝나자 등용 건은 다시 흐지부지된다.

서얼들도 가만있지 않았다. 벼슬길을 터 달라고 집단 상소를 올리곤 했다. 선조 이전부터 시작해 광해군, 숙종, 영조 때까지 이어졌다. 하지만 그 요구는 번번이 묵살되었다. 정조 때에 와서야 겨우 숨통을 틔워 줬을 뿐이다. 정조는 재능이 뛰어난 이덕무, 박제가, 유득

공 등을 규장각 검서관으로 채용했다. 하지만 정조의 이런 노력에도 서얼 차별은 계속되었고 1894년 갑오개혁에 이르러서야 신분제가 철폐되면서 사라진다.

이런 사회에서 허균은 특이한 존재였다. 서얼 차별 철폐를 주장한 데서 그치지 않고 서얼 차별이 없는 세상을 만들기 위해 혁명을 시도했으니 말이다.

대한민국에는 신분제가 없다. 그렇다고 해서 차별이 없을까. 가난해서, 성정체성이 달라서, 여자라서, 장애인이라서, 피부색이 달라서, 민족과 국가가 달라서 등등의 이유로 차별받는 사람들이 곳곳에 있다. 허균이 지금 사회를 본다면 어떤 반응을 보일까? 싸워야겠다며 다시 머리띠를 질끈 동여맬까?

누군 내고, 누군 안 내는 세금 제도 문제 있소이다!

대동법 전도사

김육

"천천히 하자거나 나중에 하자는 건 하지 말자는
말과 같사옵니다. 부자들이 반대하더라도 백성이
원하면 하는 게 옳습니다. 대동법 시행이 옳다
여기시면 시행하시고, 그렇지 않다 여기시면
신에게 벌을 내리소서."

위원장　정여립, 허균 모두 더 좋은 세상을 만들려고 했다는 건 알겠으나 역적으로 처형된 자들을 최고의 개혁가로 선정하는 건 바람직하지 않은 것 같은데…. 일단 인물들 소개를 다 들은 후에 더 얘기 나누기로 합시다. 다음에 추천할 인물은 누구요?

위원　위원장 영감.

위원장　왜 그러시오?

위원　영감께선 사람이 살아가는 데 가장 중요하면서도 힘든 것이 무어라 생각하십니까?

위원장　가장 중요하면서도 힘든 것이라…, 사람의 예를 지키는 일 아니겠소?

위원　글쎄요.

위원장　글쎄, 라니요. 예를 알고 지키는 것보다 더 중요한 게 어디 있단 말이오.

위원 그러니까 영감께서 꼰대 소릴 듣는 게 아닐까요?

위원장 허 그것참, 그 꼰대 소리 좀 그만하라니까요!

위원 예의는 수신제가 찾는 유학자들에게나 중요하지, 하루하루 먹고살기도 힘든 백성들에게는 사치스러운 것이 아닐까요. 백성들은 당장 내야 할 세금이나 덜어 줬으면 하고 바라지 않을까 싶습니다. 멀리 갈 것 없이 동학 농민군들이 왜 들고일어났습니까. 군수 조병갑이 말도 안 되는 세금들을 만들어 대서 그리된 게 아닙니까. 30년 전 임술민란*은 어떻고요? 이리 하나 저리 하나 죽기는 매한가지니 들고일어난 것 아닙니까.

위원장 그래요, 참 안타까운 일이오. 얼마나 수탈을 당했으면 그리했겠소.

위원 그렇습니다. 하지만 세금 문제는 비단 조선만의 문제가 아니죠.

위원장 무슨 의미요?

임술민란

1862년 경상도, 전라도, 충청도 지역을 중심으로 일어나 전국으로 번진 농민 봉기. 삼정 문란이 주원인이었다. 삼정은 전정(田政), 군정(軍政), 환곡(還穀)을 말하는데 쉽게 말하면 전정은 토지세, 군정은 국방세, 환곡은 춘궁기에 빌려 준 곡식을 이자까지 포함해 돌려받는 것을 말한다. 삼정 모두 농민들만 냈는데 양반과 아전 등이 세금을 걷는 과정에서 온갖 불법을 저질러 가로채거나 더 받는 등 횡포를 부렸다. 그로 인해 농민들은 극심한 생활고에 시달렸고 급기야 들고일어난다. 조정에선 삼정 문제를 해결할 능력이 없었고 이후로도 농민들은 지배층의 착취에 시달린다. 결국 민란은 계속되었고 동학농민운동으로 이어진다.

위원　가정맹어호(苛政猛於虎)란 말을 아실 겁니다. '가혹한 정치가 호랑이보다 무섭다'는 뜻이지요. 공자가 제자들과 산길을 가는데 웬 아낙의 울음소리가 들렸습니다. 아낙은 남편의 묘 앞에서 울고 있었지요. 시아버지에 이어 남편마저 호랑이에게 물려 죽었다는 겁니다. 공자가 그러면 안전한 아랫마을로 내려가 살면 되지 않느냐고 하자 여인이 그럽니다. 마을에 내려가면 호랑이보다 더 무서운 세금이란 게 있다고요.

위원장　그래서요, 누구를 추천하려고 말이 이리 긴 것이오?

위원　삼정만큼 백성을 고통스럽게 한 세금인 공납(貢納)*의 문제를 해결하려 애쓴 개혁가 중의 개혁가 김육입니다.

위원장　아, 대동법 만드는 데 공이 컸던 분 말이지요?

위원　그렇습니다. 임진왜란과 병자호란을 겪고 난 뒤 백성이 고통을 당하자 고통을 덜어 줘야 한다며 부분적으로 시행되던 대동법을 조선 8도로 확대해야 한다고 강력히 주장했지요. 세금은 지금 사람들에게도 예민한 사안이잖습니까. 따라서 백성 입장에서 세금 제

공납

특산물로 바치는 세금. 삼정과 마찬가지로 농민을 괴롭힌 대표적인 세금이다. 공물의 품목과 수량이 점점 더 늘어났을 뿐만 아니라 그 지역에서 생산되지 않는 물품을 징수하는 경우도 많았다. 자연 백성은 공물을 제때 마련하지 못하는 일이 늘어났고, 상인과 아전들이 이를 악용해 물품을 대신 납부하고 몇 배에 달하는 대금을 농민에게서 받아 내는 방납(防納)까지 등장한다. 이런 문제점을 해결하기 위해 17세기 초부터 쌀로 대신 내는 대동법을 실시했다. 1894년 갑오개혁 때 세금을 돈으로 내기로 하면서 현물을 직접 납부하는 세금 방식이 사라졌다.

대동법 전도사_김육

도를 개혁한 김육을 조선 최고의 개혁가로 추천하는 바입니다.

위원장 좋소. 김육이 왜 그토록 대동법을 시행해야 한다고 주장했는지 한 번 들어 봅시다.

농부로 10년

앞서 언급한 것처럼 김육(1580~1658)은 백성의 생활을 안정시키기 위해 대동법을 시행해야 한다고 주장한 인물입니다. 대동법은 지역 특산품으로 내던 공물을 쌀로 대신 내게 하는 제도로, 토지 1결*당 12두씩 내게 했죠. 벼농사가 힘든 산간 지역 사람들에게는 삼베, 무명 등을 받았고 나중에는 동전으로도 거두었지요. 땅이 없는 가난한 소작농을 비롯한 백성들이 얼마나 좋아했을지 눈에 선합니다.

김육은 온 인생을 대동법 실현에 바쳤다고 해도 과언이 아닙니다. 백성들이 세금 때문에 얼마나 힘들게 사는지 직접 보고 겪었기 때문이지요. 젊은 시절 김육은 성균관에서 퇴학당한 후 관직에 나가는 걸 단념하고 고향인 경기도 가평군 잠곡에 내려가 살게 됩니다. 집안이 가난해서 양반인데도 직접 농사를 지었지요. 여느 백

토지 1결
토지 1결은 곡식 1결(300두)을 생산할 수 있는 면적이다. 따라서 생산성이 높은 땅은 넓지 않아도 1결이 될 수 있고 생산성이 떨어지는 땅이면 면적이 넓게 나올 수도 있다. 1두는 1말과 같은 말이다.

성과 다를 바 없는 삶을 살았습니다. 백성들 마음을 더 잘 헤아리게 된 이유지요.

김육은 백성을 가장 힘들게 한 것이 공납이라는 사실도 알게 됩니다. 이를테면 제주도에서는 감귤, 통영에서는 전복, 가평에서는 잣 따위를 정부에 바쳤습니다. 이 공납이 왜 백성을 힘들게 했냐면, 땅이 많은 부자나 밭 한 뙈기 없는 서민이나 같은 양의 공물을 내야 했고, 자기 지역에서 나지 않는 공물을 내라고 하면 공물을 취급하는 방납업자에게 사서 내야 했는데 그 가격이 매우 비쌌기 때문이지요.

김육은 이런 백성의 고통을 어떻게 줄여 줘야 하나 고심합니다. 하지만 마음만 있으면 무엇 하나요. 벼슬길에 나가야 무라도 썰 게 아닙니까.

죽기 직전까지도 대동법 강조

그러던 중 기회가 찾아옵니다. 1623년 서인 세력이 광해군을 몰아내고 인조를 왕으로 앉힌 인조반정이 일어난 겁니다. 얼마 뒤 김육은 인조의 부름을 받아 벼슬길에 나갑니다. 김육은 인조에게 대동법을 전국으로 확대, 시행해야 한다고 건의하죠. 하지만 번번이 신

하들의 반대에 부딪힙니다.

"대동법이라는 게 토지를 많이 가진 양반들은 세금을 많이 내고, 토지가 없는 백성은 내지 않아도 되는 불공평한 제도인데, 그렇다면 서민만 백성이고 부자는 이 나라 백성이 아닙니까? 또, 특산물 대신 쌀로 세금을 내면 그 많은 쌀을 실어 날라야 하는데, 어떻게 실어 나를 것이고 또 그 비용은 어떻게 할 것입니까? 그리고 지금 조선에는 시장이 별로 없는데, 특산물을 걷지 않으면 그 물건들을 다 어디서 구한단 말입니까?"

양반들이 대동법을 반대한 진짜 이유는 땅을 많이 가진 자신들이 세금을 더 많이 내는 게 싫어서였지요. 방납업자와 방납업자에게 뇌물을 받아먹던 지방 수령들도 결사반대를 외쳤고요.

지배층의 반대로 대동법은 곧바로 시행되지 못합니다. 그래도 김육은 단념하지 않았지요. 인조가 세상을 떠나고 효종의 시대가 열립니다. 와병을 이유로 거듭 거절하는데도 효종은 우의정 자리를 권했습니다. 그러자 김육은 대동법 시행을 수락 조건으로 제안합니다.

"전하, 천천히 하자거나 나중에 하자는 건 하지 말자는 말과 같사옵니다. 부자들이 반대하더라도 백성이 원하면 하는 게 옳습니다. 대

대동법 전도사 _ 김육

동법 시행이 옳다 여기시면 시행하시고, 그렇지 않다 여기시면 신에 게 벌을 내리소서."

마침내 충청도에서 대동법이 시행됩니다! 이후 김육은 전라도에 도 대동법 시행을 건의합니다. 심지어 죽기 전까지도 임금께 건의 를 드릴 정도였지요. 충청도, 전라도뿐 아니라 다른 지역에서도 대 동법을 시행하라고, 어떤 반대가 있더라도 꿋꿋하게 밀고 나가시라 고 말이지요. 이런 노력 덕분에 대동법은 처음 시행한 지 100년이 되는 해에 마침내 조선 전 지역에서 시행됩니다. 조선 최고의 개혁 으로 불리는 대동법, 그 대동법 시행에 앞장선 김육이야말로 조선 최고의 개혁가가 아닐까요?

위원장　정말 김육의 공이 컸군요.

위원　그렇습니다. 그래서 김육을 최고 개혁가로 추천한 것입니 다. 지금 조선은 농민들이 부담하는 세금이 너무 많습니다. 김육의 정신을 본받아 중복되고 과중한 세금 제도를 개혁해야 한다고 생각 합니다. 지금 동학 농민군들이 나라에 요구하는 것이 무엇입니까. 썩어 빠진 탐관오리를 처벌하고, 신분제를 철폐하고, 과부의 재가를 허용해 달라는 등 여러 가지가 있지만 이보다 더 우선시해야 할 것 은 백성 삶과 직결된 세금 개혁이 아닐까요. 농민군들이 무명잡세

(無名雜稅, 정당한 명목도 없이 거두는 여러 가지 잡다한 세금)를 폐지하라고 요구한 것에서도 알 수 있지 않습니까. 백성의 삶을 편안하게 하기 위해선 호랑이보다 무섭다는 세금 제도 개혁이 어느 때보다 절실합니다. 그래서 김육을 강력하게 추천하는 바입니다.

위원장　모처럼 바람직한 개혁가와 개혁 방안이 나와서 제 마음이 다 흡족합니다.

위원　평생 자신들을 위해 애쓴 걸 알았던지 김육이 죽자 충청도 어느 마을에서는 김육을 기리는 공덕비를 세우기도 했지요. 김육은 훗날 실학자들에게도 많은 영감을 준 정치가입니다.

위원장　알았소. 김육이 어떤 인물인지 더 들어 봅시다.

'경세제민'을
마음에 새긴 소년

이 사람이 궁금하다!

김육은 1580년 서울 마포의 외가에서 태어났다.
조광조의 동지로 기묘사화 때 희생된 김식(金湜)의 4대손이다.
열한 살에 지방 수령이었던 할아버지가 세상을 떠나면서
가세가 급격히 기운다. 열네 살에 아버지마저 돌아가시면서
소년 가장이 된다.
"네가 자립하여 우리 가문을 세우면 나는 지하에서 기뻐할 것이다."
아버지 유언을 평생 가슴에 새겼다.

열두 살 때《소학》을 읽다가 송나라 유학자 정호의 글에서 크게 감동받는다.

경세제민 ————
국정이 안정되게 돌아가서 백성 모두가 편안한 상태를 가리키는데, 유교 국가의 궁극적인 목표다.

"처음 임명된 관료가 만물을 사랑하는 데에
마음을 두면, 반드시 인민을 구제할 것이다."
김육은 '**경세제민(經世濟民)**'을 실현하려면 반드시 벼슬길에 나가야 한다고 생각했다.

스물다섯에 성균관 입학시험인 소과에 합격해
성균관에서 공부를 시작한다.

경세제민이라,
학교도 들어왔으니 이제
열공해야겠구만!

성균관 서재. © 국립중앙박물관

성균관에서 퇴학당한 사연

하지만 김육은 오래지 않아 성균관에서 퇴학당한다.
오현종사(五賢宗祀) 사건 때문이다.

오현종사를 추진하려는데,
당시 북인의 상징이자 실세였던 대사헌 정인홍이
이황, 이언적을 빼고 자신처럼 북인 계통인 조식과 성운을 넣자는 상소를 올리면서
오랜 기간에 걸쳐 선비들이 합의한 노력이 수포로 돌아간다.

성균관 유생들도 반발한다.
이런 사달을 만든 정인홍을 규탄했고
급기야 청금록(靑衿錄)에서
정인홍 이름을 삭제해 버린다.

자, 청금록에서 삭제하세.

전하께서 격노하시는 건 아니겠지?

청금록은 유생 명단인데요, 유생들 사이에서 삭명, 즉 이름을 삭제하는 것은 가장 불명예스러운 벌이었어요.

오현종사

선조가 즉위한 뒤 새로운 집권 세력이 된 사람은 곧 자신들의 학문적 정통성을 확립하기 위해 '오현종사'를 추진한다. 오현은 김굉필·정여창·조광조·이언적·이황으로 이들을 문묘, 즉 공자를 모신 사당에 함께 모시자는 운동이었다. 5명을 선정하는 과정에서 갈등이 심했고, 겨우 광해군 때 합의가 된다.

김육을 당장
퇴학시켜라!!

덜덜덜
나도
색출당할라~

이 소식에 광해군은 크게 노했고
"가장 먼저 삭명 의논을 낸 자를 색출해
금고형을 내리라"고 명한다.
금고는 과거에 응시할 자격을 박탈하는 것으로
성균관 유생에겐 가장 큰 처벌이었다.
김육이 주모자로 찍혀 퇴학당한다.

다행히 이듬해에 오현은 변경 없이 문묘에 모셨고
광해군이 금고형을 취소해 김육은 성균관으로 복귀할 수 있었다.
그러나 그는 고향인 경기도 가평으로 내려가 돌아오지 않았다.

오현종사 사건은
김육이 벼슬살이하는 동안 계속 발목을
잡는다. 대동법을 비롯해 김육이 개혁안을 내놓을 때마다
신하들이 이 사건을 구실로 삼아 좌절시켰기 때문이다.

내쫓을 때는 언제고
누구더러 오라 말아야.
고향에서 저 백성들처럼
농사나 지을란다.

농부로 산 양반

인조반정으로 벼슬길에 본격적으로 들어서기 전
김육은 10여 년간 농부로 산다.
고향으로 내려간 초기에는
초가 살 돈도 없어 토굴을 파고 생활했다.
2년이 지나서야 겨우 집 한 칸을 마련한다.

김육은 농사는 물론 고기잡이, 숯을 만들어 파는 일까지
먹고살기 위해 닥치는 대로 일했다. 무거운 숯을 지고
가평에서 한양을 쉴 새 없이 오갔다.
파루(罷漏)의 종이 울리고 도성 문이 열리면
가장 먼저 김육이 들어왔다고 할 정도로
부지런했다고 한다.

양반이
장사도 하네.

어느 순간부터 김육은 관직에 나가
백성을 위한 정책을 펼쳐야겠다고,
백성이 잘살 수 있는 나라를
만들겠다고
결심한다.

파루

새벽 4시경 종을 33번 쳐 통행금
지 푸는 것을 파루라고 한다. 통행
금지를 알리는 종은 인정(人定)이라
하는데 밤 10시경 28번 친다. 33,
28의 횟수는 불교에서 비롯됐다.

일제 강점기 보신각. ⓒ 국립중앙박물관

대동법, 대동법!

김육은 40대 중반의 늦은 나이에
벼슬살이를 시작했고, 뒤늦게 과거시험(대과)에
응시해 장원으로 급제함으로써 고위직으로 올라갈
발판을 마련한다. 한자리하고 싶은 야망 때문이 아니라
백성을 위한 개혁을 펼치려면 힘이 필요해서였다.

김육은 세금 중 공납이 백성을 가장 고통스럽게 한다고 보았다.
공납은 국가 수입의 60퍼센트를 차지할 정도로
국가 차원에서도 제대로 걷는 게 중요했다.

김육은 제도 자체도 문제지만,
공납을 걷는 과정에서 온갖 부정이 저질러지는 것을
더 큰 문제로 간파했다. 그리고 이런 문제를
해결할 방법은 대동법밖에 없다고 확신한다.
이후 일생을 오직 대동법을 시행하는 데 바친다.

몸이 아프다며 거듭 거절하는데도
효종이 계속 우의정 자리를 제안했을 때도
"왕의 정사는 백성을 편안하게 하는 것보다
우선할 일이 없습니다.
백성이 편안한 연후에야 나라가 안정될 수 있습니다"며
충청도, 전라도 지역의 대동법 시행을 수락 조건으로
내걸 정도였다.

김육은 명나라에 파견된 마지막 사신이기도 했다.
오른쪽 그림은 명나라 화가 호병(胡炳)이 그린 김육의 초상화 겸 풍경화인 〈송하한유도〉.
이 그림에 훗날 영조가 헌시를 남긴다.
(…) 대동법을 도모하여 계획하니 신통하다 하겠다 /
아! 후손들은 백대가 지나가도 이를 우러러보고 공경하라

100년 만에 전 지역으로!

김육 이전에도 대동법 시행을
시행하자고 건의한 사람들은 있었다.
대표적인 사람이 이이다.
**이이는 방납의 폐단을
없애기 위해 대동법 시행을
건의한 바 있다.**
선조는 받아들이려 했지만
신하들이 미적지근한 태도를 보여
결국 2년이 채 안 돼 없었던 일이 되고 만다.

조광조

이이

조광조는 공납의 폐단을 지적했고, 류성룡도 대동법 시행을 주장했지만
양반을 비롯한 기득권층의 벽을 넘지 못했다.
김육이 대동법을 관철하기까지 지난한 과정을 거쳤음을 알 수 있다.

왜 이렇게 대동법은 시행하기 어려웠을까.

대동법이 시행되면 더 많은 세금을 내야 할 양반 지주들과
공물을 거두어 보내는 과정에서 배를 불린 아전들과
방납업자들이 자신들의 기득권을 지키기 위해
갖가지 구실을 대며 반대했기 때문이다.

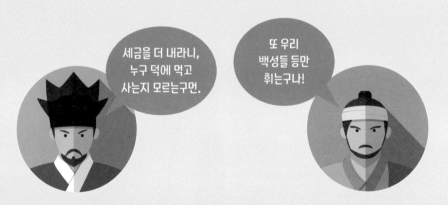

세금을 더 내라니,
누구 덕에 먹고
사는지 모르는구먼.

또 우리
백성들 등만
휘는구나!

계속되는 반대에도 김육은 소신을 굽히지 않았다.
우의정에 이어 마침내 영의정이 된 직후 대동법을 충청도에서
시행한다. 이듬해엔 호남으로 확대하려 했는데
그걸 보지 못하고 눈을 감는다.

김육이 세상을 떠난 후 전라도를 비롯해
대동법 시행 지역이 점점 더 늘어나
숙종 때에 이르면 벼농사가 잘 안 되는
함경도, 평안도, 제주도를 제외한 모든 지역에서 시행된다.
대동법 얘기가 나온 지 거의 100년 만에 제도로
자리 잡은 것이다.

화폐를 유통시켜
상업의 씨앗을 뿌리다

김육은 중국에 사신으로도
갔다. 그때마다 중국의 진귀한 물건들에
관심을 보였는데
**그의 눈길을 사로잡은 것 중
하나가**
동전 즉, 화폐였다.
동전은 휴대가 간편하고
교환하기 편리하며
부를 축적하는 저장 수단으로도 유용했다.
당시 조선은 쌀·옷감 등으로
물물교환을 하고 있었다.

우리나라 최초의 동전 건원중보

김육은 효종의 허락을 받고
청나라 동전을 수입해 평안도, 황해도 등 일부 지역에서
시범적으로 유통시킨다. 또한 대동법에 따라
**쌀이나 옷감으로 세금을 낼 때 그 일부를 동전으로
납부할 수 있게 하자고 건의한다.**
당시로서는 대단히 획기적인 아이디어였다.

대동법을 밀어붙일 때처럼
반대 세력의 목소리는 컸다.
시장도 없고, 동전 만들 동도 없고,
쌀이나 옷감을 거래 수단으로 활용하고 있는데
왜 새로운 거래 수단이 필요하냐는 것이다.

동전

김육 이전 시대에도 동전을 통용한 적이 있다. 고려 시대에 우리나라 최초의 동전 '건원중보'를 철로 만들어 유통했고, 조선
시대에는 동전뿐 아니라 종이돈도 만들었다. 하지만 동전이든 종이돈이든 화폐는 번번이 사용이 중단되었다. 이유는 이렇다.
첫째, 물건을 사고파는 시장이 발달하지 못했다. 그렇다 보니 화폐 쓸 일이 별로 없었다. 둘째, 곡물·옷감 등을 화폐로 사용
하는 데 큰 불편함이 없었다. 셋째, 백성들이 화폐를 불신했다.

비록 김육이 세상을 떠난 후 화폐 통용은 흐지부지되었지만,
그의 시도가 시장을 성장시키고,
상업 발달에 기여했다는 점은 인정할 만하다.
김육이 세상을 떠나고 20년 뒤인 1678년 상평통보가
공식 화폐로 통용되면서 시장이 활기를 띠고,
상업이 크게 성장했으니 말이다.

상평통보

숙종 4년(1678)에 통용하기 시작한 화폐. 현대적인 화폐가 등장하기 전인 1908년까지 200년 넘게 사용하여 우리나라에서 가장 오래 유통한 화폐로 평가받고 있다. 백성들은 보통 '엽전(葉錢)'이라 불렀다. 상평통보를 만드는 틀이 나뭇가지에 잎이 달린 것처럼 보였기 때문이다. 상평통보를 셀 때도 나뭇잎처럼 한 닢, 두 닢 셌다고 한다.

상평통보 앞면(위)과 뒷면(아래)

상평통보가 생기니
편하게 장사할 수
있어 좋구면.

상평통보 뒷면 위쪽에는
동전을 만든 관아의 약자를 새겨 놓았어요.
지금은 한국조폐공사에서만 돈을 만들지만 조선
시대에는 중앙 관아뿐만 아니라 각도의 감영을
비롯해 여러 국가기관에서 만들었거든요.
그래서 돈의 품질을 책임지게 하려고 어느 곳에서
만들었는지 밝혔다고 해요.
왼쪽 엽전은 '선혜청'에서 만들어서
'혜(惠)' 자를 새겨 놓았네요.

김육은 왜 유명하지 않을까

이처럼 김육은 평생 동안 백성이 좀 더
경제적으로 안정되고 풍요롭게 살길을 찾았다.
그런데 이런 업적에 비해 덜 알려진 이유는 무엇일까.

김육은 평소 상공업을 천시하는 것은 잘못이며,
상공업이야말로 나라를 부강하게 할 근본이라고 주장했다.
하지만 이런 김육에게 당시 사대부들은 별별 인신공격을 했다.

"이익이나 좇는 천한 장사치들을 옹호하다니!"

**"어찌 양반이 돼서 잔재주로 물건이나 만드는 천한
것들 편을 든단 말이오?"**

심지어 상공업자들에게서 뇌물을 받았다는 헛소문까지 퍼뜨렸다.

장사가 얼마나
중한디. 정말 무식한
양반이란 것들!

김육은 백성들이
좀 더 농사를 잘 짓게 하려고
수차를 만들어 보급하는 일에도 힘을 쏟았어요.
수차는 낮은 곳의 물을 높은 지대 농경지로
끌어다 주는 기구예요. 조선에는 하천이 많아서
아주 요긴했죠. 하지만 조선에서는 수레가
많이 쓰이진 않아서 바퀴 원리로 작동하는
수차를 만들기 어려웠다고 해요.
그래도 김육은 보급하려고
애를 쓴 거죠.

상공업을 중시한 김육의 생각은 조선 후기 박제가를 비롯한 실학자들에게 이어졌다.
박제가는 자신이 쓴 《북학의》에서 다음과 같이 김육을 조명했다.

"김육은 평생 동안 오로지 수레와
화폐 사용 두 가지 시책을 위해
노력하고 마음을 썼다."

김육이 세상을 떠나자 효종은 이렇게 탄식했다.

"대동법은 김육이 혼자 스스로 맡아서 처음부터 끝까지 흔들림 없이 시행하였기에
성공할 수 있었다. 김육처럼 확고한 인물을 얻기 바라나 어찌 얻을 수 있겠는가."
–《효종실록》

효종은 5일간 조회를 파하고
그를 애도했다.

쩝, 살아생전에
대동법이 전 지역에
시행되는 걸 보고
싶었는데….

김육 영정. 그의 부음 소식을 들은 충청도 백성들이 십시일반으로 부의금을 마련해
그의 집으로 찾아갔으나 김육 집에선 사양했다. 백성들은 고민 끝에 대동법을 시행해 준 은혜를
오래 기리기 위해 비를 세웠다. 그것이 현재 평택에 있는 '대동법 시행 기념비'다.
© 평택시청 시민기자단 이원희

국가는 세금 없이 단 하루도 유지하기 어렵다. 옛날부터 동서양의 모든 나라는 백성들로부터 세금을 많이 거두기 위해 온갖 아이디어를 짜냈고, 세금을 내는 사람들은 어떻게든 적게 내려고 머리를 썼다. 그래서 인류 역사를 세금을 많이 거두려는 자와 적게 내려는 자의 싸움이라고 해도 과언이 아니다.

조선은 세금을 잘 거둬들인 덕분에 500년 동안 나라를 이어 올 수 있었다. 이 말은 반대로 백성이 세금 때문에 큰 고통을 겪었다는 뜻이기도 하다. 조선에는 크게 세 가지 세금이 있었다. 전세, 역, 공납. 전세(田稅)는 '밭 전(田)' 자에서도 알 수 있듯이, 토지에 부과하는 세금이다. 역에는 요역(徭役)과 군역(軍役)이 있는데, 요역은 성을 쌓는 등의 공사장에 나가서 일하는 것이고, 군역은 군 복무를 가리킨다. 공납은 지역 특산물로 바치는 세금이다.

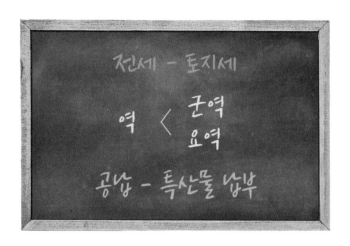

조선의 세금 제도

지주 대신 토지세를 낸 소작농

고대로부터 유교의 나라에서는 전세의 경우 수확량의 10분의 1 정도를 거두려고 했다. 그 이상이 되면 백성에게 부담이 되고, 그 이하면 나라 재정이 부실해질 우려 때문이었다.

조선은 고려 말에 시작된 과전법이라는 토지 제도를 시행했고 대략 10분의 1을 토지세로 거두었다. 세종은 백성의 부담을 덜어주기 위해 공법(貢法)*을 만들어 풍년과 흉년에 따라 9등분, 땅의 비옥도에 따라 6등분해 세금을 세분화해 거두었다. 그 덕분에 백성들이 세금 부담을 덜었다. 임진왜란과 병자호란으로 토지가 황폐화되

대동법 전도사 _ 김육

토지 조사관(관리들)이 뇌물을 받고 멀쩡한 농지를 세금 부과 대상에서 누락시키는 등의 부정행위를 저지르는 일이 늘어났다. 그 탓에 국가 재정은 점점 더 부족해지고 부족한 부분을 백성들에게 떠안겨 민심도 나빠졌다. 이에 세종은 가난한 농민들의 부담을 덜고 부정부패를 막기 위해 오랜 여론 조사 끝에 공법을 만든다. 공법은 관리들이 전세를 매기는 것이 아니라 기준에 따라 정해진 만큼만 납부하는 제도다. 논밭의 비옥도를 여섯 등급으로 구분하고, 농사의 풍흉에 따른 작황을 아홉 단계로 나누어 세금을 정했다. 등급이 낮거나 작황이 좋지 않을 때는 세금을 깎아 주기도 했다.

고, 인구가 급격히 줄어들자 인조 때 영정법(永定法)을 만들어 전세 부담을 조금 더 줄여 주었다. 영정법은 풍흉에 관계없이 토지 1결당 쌀 4~6두(斗, 1말, 2말 할 때의 '말'과 같은 단위)로 고정한 것을 말한다.

전세는 줄었지만 농민들의 부담은 별로 줄지 않았다. 왜 그랬을까? 조선은 원칙적으로 양인이면 누구나 세금을 내야 했다. 양반들은 소유한 농지의 면적을 줄이거나 등급을 낮추기 위해 갖은 방법

(왼쪽부터) 조선 시대에 부피를 재던 대표적인 기구인 말, 되, 홉. ⓒ 국립민속박물관

을 다 동원했다. 반면 힘없는 백성의 땅은 실제보다 높은 등급으로 매겨 전세를 더 많이 내야 했다. 즉 전세 책정 과정에서 번번이 부정이 자행되었다.

또한 전세를 납부할 때 수수료, 운송비 등 각종 잡세가 붙어 농민들을 괴롭혔다. 더 근본적인 문제는 전세는 원래 땅주인이 내는 것인데 양반들이 농민들에게 땅을 빌려 주고 세금도 떠넘겼다는 것이다. 이 때문에 소작농들은 땅주인에게 수확량의 반인 50퍼센트를 주고 나머지에서 전세 10퍼센트를 내면, 겨우 40퍼센트로 일 년을 버텨야 했다.

요역도 농민들만

역에는 각종 공사에 불려 가는 요역과 군대에 가는 군역이 있었다. 16세부터 60세까지의 양인이면 누구나 역을 지게 돼 있었지만 대부분 수령이 요역 대상자를 징발할 권한을 가져 현실적으로 양반들은 제외되기 쉬웠다. 결국 하층 농민들만 부담을 지는 경우가 많았다.

요역에 불려 가면 공물·진상물·전세미 등을 수송하거나, 궁궐·성곽·관아·제방 등을 보수하거나, 중국 사신이 오면 대접하는 일 등을 했다. 일하는 기간 동안 먹을 식량은 본인이 해결해야 했다.

조선 초기에는 동원 기간이 평년엔 20일, 풍년 30일, 흉년 10일이었고, 10월 이후 가을철에 동원하도록 규정했다. 농사가 시작되는 봄철에는 동원하지 못하도록 했다. 그러다 성종 때에 이르러《경국대전》에 계절에 관계없이 연간 6일로 못 박았지만, 잘 지켜지진 않았다.

군역도 농민들만

군역은 정군(正軍)이나 보인(保人)이 되어 이행할 수 있었다. 정군은 현역 군인을 말하고, 보인은 정군이 복무하는 동안 필요한 비용을 부담하는 사람이다. 군대 가서 고생하는 정군이나 어려운 형편에 면포를 마련해 내야 하는 보인이나 부담의 정도는 비슷하지 않았을까 싶다. 대부분 보인 두 명이 면포 1필을 마련해 냈다. 정군, 보인을 나눈 이유는 모든 장정이 군대에 가면 농사지을 사람이 없어 교대로 복무하게 하려는 의도다.

《경국대전》에 따르면 군 복무 기간은 매년 2~6개월 정도였다. 정군은 한양에 올라가 중앙군에 배속되거나 지방군이 되어 국방 요충지에서 근무했다. 요역과 마찬가지로 월급 같은 건 없었다. 본인이 알아서 끼니를 해결해야 했다.

물론 군역 면제자*들은 있었다. 관직에 있는 양반이나 과거를 준

비하는 학생들이 대표적인데 나랏일 하면서 군 복무도 할 수 없으니 빼고, 학생은 지금도 병역을 미뤄 주니 비슷한 이유에서였을 것이다. 그래서 일부 양인은 관직을 사거나 호적을 위조해 군역의 법망에서 벗어났다.

결국 군역은 대부분 농민이 졌다. 농민들은 군역 때문에 농사를 제대로 지을 수 없는 데다 서울까지 가는 비용도 부담스럽고 보인에게서 지원받은 면포 1필로는 끼니를 잇기도 어려웠다. 실제로 서울로 올라가는 길에 다치거나 물에 빠져 죽는 사람이 부지기수였고, 간신히 서울에 올라왔지만 면포를 팔아 산 쌀이 너무 적어 굶어 죽는 경우도 있었다고 한다. 현실이 이렇다 보니 농민들 입장에서는 당연히 자기 대신 군역을 서 줄

군역자 신분 확인용으로 제작된 '군역패'

사람이 있다면 그 사람을 사서 보내는 대립(代立)이 훨씬 나았을 것이다. 16세기 이후 대립이 성행한 이유다. 군영의 지휘관은 뇌물을

받고 대립을 눈감아 주거나 아예 먼저 제안하기도 했다. 정부에선 이를 불법으로 금지시켰지만 막을 도리가 없었다. 결국 정부는 군역 대신 1년에 베 2필을 내는 방군수포제(放軍收布制)를 실시한다. 부족한 군인은 직업군인을 제도화해 보완했다.

그런데 군포를 거둬들이는 기관이 한 곳으로 정해져 있지 않은 게 문제였다. 훈련도감을 포함한 5군영, 중앙 관아, 지방 감영 등이 각각 군포를 거두는 바람에 백성들은 이중 삼중의 고통을 겪게 된다. 군역에 얼마나 시달렸던지 군역을 피하기 위해 스스로 군역이 없는 노비가 된 백성도 있을 정도였다.

또한 조정에서 재정을 늘리기 위해 군포 양을 더 요구할 때도 있었다. 그러면 군포 징수 실무자인 수령, 아전들이 할당량을 채우기 위해 온갖 농간과 횡포를 부려 백성들을 괴롭혔다. 죽은 사람이나(백골징포) 군역의 의무가 없는 어린아이에게까지 군역을 부과하고(황구첨정), 군역 부담에 도망간 사람이 있다면 이웃(인징)이나 친척(족징)에게 군역을 전가한 것이 대표적인 예다.

영조는 이런 폐단을 해결하기 위해 1년에 2필 내던 베를 1필로 줄이는 균역법을 제정했다. 군포 1필은 약 20냥. 당시 1냥이면 쌀 20킬로그램(현재 약 5만 원)을 샀으니 20냥은 약 100만 원이다. 서민들에겐 적지 않은 돈이다. 더구나 이웃이나 친척의 군역까지 부담해야 한다고 생각해 보라. 눈앞이 깜깜해졌을 것이다. 그런데 이를

丁若鏞先生肖像

實事求是創始
牧民經世大聖

정약용은 강진으로
유배됐을 때 군역의 괴로움 때문에
한 농민이 자신의 양물(성기)을 자른 사건을
듣고는 〈애절양(哀絕陽, '양물을 잘라 버린
서러움'이란 뜻)〉이라는 시를 지었어요.
군역 대상자가 아닌 어린아이한테까지
군포를 내라 하니 더는 아이를 낳지 않으려고
이렇게 하는 백성들이 있을 정도였죠.
당시 삼정 문란으로 백성들이 얼마나
큰 고통을 겪었는지 고발하는
시라고 할 수 있어요.

조선 후기 학자 정약용

반으로 줄여 줬으니 백성들이 어찌 기뻐하지 않았겠는가.

사실 영조는 양반들에게도 군역의 의무를 부과하기 위해 집집마다 군포를 납부하는 호포제(戶布制)를 실시하려 했다. 하지만 양반들이 강하게 반발해 뜻을 이루지는 못했다. 호포제는 19세기 후반 흥선대원군이 실행한다.

공납의 폐해를 개선한 대동법

공납은 크게 해마다 내야 하는 상공(常貢), 정부에서 필요할 때 불시에 부과하는 별공(別貢), 국왕에게 바치는 진상(進上) 세 가지다. 왕실이나 중앙 각 관아에서 필요한 농산물·임산물·수산물과 그 가공품·수공업 제품 등을 공물로 지정하면 전국 각 군현에서 거두어들였다.

영화 〈광해군〉에도 나오듯이 공납의 가장 큰 문제는 그 지역에서 생산되지 않는 것을 공물로 정했을 때다. 공안(貢案, 공물의 품목과 수량을 기록한 장부)에 한 번 등록되면 거의 변경되지 않아 어쩔 수 없이 해당 지역민들은 다른 지역에서 공물을 구해 바쳐야 했다. 이 때문에 대납이 생겼고, 방납자라는 '브로커'들까지 생겼다. 권세가들은 물론 승려, 상인 등이 '방납 사업'에 뛰어들어 많은 이득을 챙겼다. 이런 폐단을 없애기 위해 김육이 대동법을 밀어붙인 것이다.

오늘날 사람들에게도 세금은 예민한 문제다. 이전이나 지금이나 사람들은 세금을 덜 내고 싶어 한다. 하지만 세금 없이 국가는 돌아갈 수 없기 때문에 공평하게 거두어 쓰는 게 중요할 것이다. 하지만 조선 시대만 봐도 알 수 있듯이 지배층은 온갖 편법, 불법을 통해 세금을 내지 않으려 했고, 피지배층은 그들 몫까지 메꿔야 해서 삶이 고됐다. 지금 시대는 어떨까? 세금을 덜 내거나 내지 않으려다 언론에 오르내리는 부자나 정치인, 기업에 관한 뉴스가 흔한 걸 보면 세금 납부를 둘러싸고 일어나는 사건은 여전한 듯하다.

나는 주자와 생각이 다르오

학문과 사상의 자유를 외친

윤휴

"그대가 《중용》을 주자와 다르게 해석했다는
게 사실인가?"
"그렇습니다."
"주자의 해석은 완전무결한 것인데, 어찌 그리
괴이한 행동을 하였는가?"
"송시열 선생님, 천하의 많고 많은 이치를
어찌 주자만 알고 저는 모른단 말씀입니까?"

위원장 제4 위원, 이번엔 어떤 인물인가요?

위원 윤휴입니다.

위원장 윤휴요? 백호 윤휴를 말하는 것이오? 윤휴라면 이단으로 몰려 죽은 학자가 아니오?

위원 그렇습니다. 그는 학문과 사상의 자유를 주장하다 죽임을 당했는데, 지금 조선의 가장 큰 병폐가 바로 사상의 자유가 없다는 것입니다. 주자 성리학이 아니면 모두 이단으로 몰아가는 행태 말입니다. 조선을 새롭게 개혁하려면 신분 제도도 개혁하고 세금 제도도 고쳐야 하지만 무엇보다 중요한 건 학문과 사상의 자유를 보장하는 것입니다. 그래야 개혁적인 생각들이 자유롭게 나올 수 있습니다. 따라서 저는 학문과 사상의 자유를 주장하다 이단으로 몰려 사약을 받은 윤휴야말로 이 시대가 본받아야 할 최고의 개혁가라 생각하는 바입니다.

위원장 그건 그대 생각이고, 어떻게 성리학의 나라인 조선에서 성리학의 아버지인 주자를 비판한 선비를 개혁가라 할 수 있겠소. 이번에도 들어 보나 마나겠소. 아, 나라를 개혁하자고 모인 위원들이 어찌 다 역적 아니면 이단으로 몰려 죽은 자들을 들고 나왔는지 개탄스럽구려.

위원 그건 그렇지 않습니다. 윤휴는 당대 최고의 유학자로, 누구보다 유교 정신에 입각하여 실천하며 살려고 한 보수적인 선비였습니다. 그런 그에게 유학을 능멸했다며 사문난적(斯文亂賊, 유교를 어지럽히는 도적)의 죄를 씌워 사형한 것은 조선이 얼마나 이론에만 치우친 나라인가를 보여 준 사건이지요. 그런 면에서 윤휴가 왜, 어쩌다 그런 죽임을 당했는지, 왜 지금 학문과 사상의 다양성을 존중하는 개혁을 해야 하는지 발표하도록 하겠습니다.

양반들의 공공의 적

윤휴(1617~1680)는 조선 후기의 문신이자 유학자입니다. 그는 주자의 이론을 절대 진리로 믿고 따르던 조선에서 주자와 다른 해석을 내놓아 이단이라는 비난을 받았지요. 거기에 더해 양반들도 군역을 져야 한다고 주장하는 바람에 양반들로부터 공공의 적이 된 인물입니다. 결국 유배를 가던 중 사약을 받았는데, 그날의 분위기를 여기서 잠깐 소개해 드리지요.

함경도 갑산으로 유배를 가던 윤휴가 어느 시골 마을에 잠시 머물 때였습니다. 그곳으로 금부도사가 들이닥쳤지요.

"죄인 윤휴는 어서 나와 어명을 받들라!"

방 안에 있던 윤휴는 마침내 올 것이 왔다고 생각했지요.

"알았네, 금부도사. 내 마지막으로 할 말이 있으니 붓과 종이를 좀 가져다주게."

"안 되오. 어떤 말도 남기게 하지 말라 명하셨소."

윤휴는 생각했지요.

'이렇게까지 내 목숨을 앗아 가려는 이유가 무엇인가. 무엇이 두려워 마지막 한마디조차 남기지 못하게 하는 것인가.'

그때 불현듯 떠오르는 얼굴이 있었습니다. 그는 조선 최고의 학자이자 서인 세력의 우두머리인 송시열이었지요. 윤휴는 수십 년 동안 학문·정치적으로 대립했던 송시열이 자신을 죽음으로 내몬 것이 아닐까 생각했습니다. 도대체 두 사람 사이에 어떤 일이 있었기에 윤휴가 그런 생각을 하게 된 걸까요?

학문과 사상의 자유를 외친 _ 윤휴

송시열과 척진 사연

윤휴와 송시열의 사이가 처음부터 나빴던 건 아니었습니다. 두 사람이 처음 만났을 땐 서로 뜻이 잘 통했지요. 한번은 이런 일이 있었습니다.

윤휴가 충청도 시골에 틀어박혀 책을 읽고 있을 때였습니다. 어느 날 송시열이 시골로 윤휴를 찾아왔습니다. '윤휴라는 젊은 선비가 학식이 높다던데, 어디 얼굴이나 한번 볼까?' 하며 찾아온 것이지요.

처음 만난 두 사람은 삼일 밤낮으로 학문에 대해 이야기를 나눴습니다. 그때 윤휴는 스승 없이 홀로 독하게 공부를 하고 있었는데, 모처럼 학식이 뛰어난 송시열과 이야기를 나누다 보니 가슴이 뻥 뚫리고 머리도 맑아지는 것 같았습니다. 송시열도 무척 흡족해한 것 같고요. 돌아가는 길에 친구에게 이렇게 말한 것을 보면요.

"윤휴와 이야기를 나눠 보니 내 30년 독서가 가소롭게 느껴지네 그려."

그로부터 1년 뒤, 병자호란이 끝나고 두 사람은 공주의 어느 절에서 다시 만났습니다. 송시열은 병자호란 때 인조 임금이 청나라 황제에게 무릎을 꿇고 항복했다는 이야기를 윤휴에게 들려주었습니다. 윤휴는 너무나 분하고 원통하여 송시열의 손을 잡고 통곡을

했지요.

"이는 국가의 치욕입니다. 이 치욕을 씻기 전까지 소인은 벼슬길에 결코 나가지 않겠습니다."

그 뒤로 윤휴는 과거 급제에 대한 생각을 접고 자유롭게 독서를 했습니다. 그즈음 송시열의 학식은 더 깊어지고 명성은 더욱 높아져 그를 따르는 선비가 많았지요. 그렇게 각자 학문을 닦아 가던 어느 날 송시열과 윤휴 사이가 쩌억, 금이 가는 일이 벌어졌습니다.

어느 날 송시열이 윤휴를 찾아와 이상하다는 듯 물었습니다.

"그대가《중용》을 주자와 다르게 해석했다는 게 사실인가?"

"그렇습니다."

송시열이 다시 물었지요.

"주자의 해석은 완전무결한 것인데, 어찌 그리 괴이한 행동을 하였는가?"

윤휴는 의아하다는 듯 송시열의 눈을 바라보며 대답했습니다.

"선생님, 천하의 많고 많은 이치를 어찌 주자만 알고 저는 모른단 말입니까?"

"어허, 그분의 해석은 일점일획도 고쳐서는 안 되네."

윤휴는 더욱 또렷한 목소리로 말했습니다.

"주자가 살아온다면 저의 학설이 인정받지 못할 것이나,《중용》을 지은 분이 다시 온다면 저의 학설이 인정을 받을 것입니다."

학문과 사상의 자유를 외친 _ 윤휴

순간 송시열의 얼굴이 파래지고 입이 굳게 닫혔습니다. 이해 못할 일은 아닙니다. 송시열과 그를 따르는 대부분의 성리학자는 주자를 공자나 맹자와 같은 성현으로 추앙했으니까요.

조선의 유학자들이 주자를 성현으로 떠받드는 까닭이 있습니다.

주자는 송나라의 유학자로, 유학의 한 종류인 성리학을 체계화한 인물입니다. 그는 《예기》의 한 편이었던 〈대학〉과 〈중용〉을 편집해 《논어》, 《맹자》와 함께 사서(四書)의 반열에 올려놓았습니다. 조선 유학자들은 그의 해석과 분류를 절대적으로 신봉하여 그와 다른 해석이나 분류를 용납하지 않았지요. 그런 선비들의 정점에 송시열이 있었습니다.

조선 후기 화가 채용신이 그린 주자 초상화

이후 송시열은 제자들에게 강한 어조로 윤휴를 비판했습니다.

"윤휴는 이단이다!"

그러면서 윤휴를 사문난적으로 낙인찍었지요. 그러자 송시열을 따르는 서인들이 윤휴와 절교합니다. 일종의 따돌림을 당한 것이죠. 윤휴는 마음이 너무 아팠습니다.

'내 비록 사람들에 의해 남인으로 분류되긴 하나 서인, 남인 당파를 가리지 않고 사람을 사귀었고 그래서 서인 중에도 내 뜻을 존중해 주는 선비가 많았는데, 송시열 선생과 주자를 놓고 논쟁을 벌인 이후 서인들로부터 따돌림을 당하게 되었으니 이 얼마나 통탄할 일인가!'

윤휴는 사약을 앞에 놓고 송시열과 사이가 벌어진 과거의 일을 떠올렸습니다. 설마 그 일 때문에 사약까지 내리진 않았을 거라 생각했습니다. 송시열과 자기의 관계가 돌이킬 수 없이 틀어져 버린 이유는 아무래도 따로 있지 않나 싶었습니다. 그것은 바로 조선을 떠들썩하게 만든 예송 논쟁이었지요.

예송 논쟁은 1659년 효종 임금이 갑자기 승하하면서 벌어졌습니다. 효종의 계모인 왕대비가 상복을 몇 년 동안 입어야 하는지를 놓고 신하들의 의견이 갈렸는데, 서인의 우두머리인 송시열은 이렇게 주장했습니다.

"사대부의 예법에 따르면 둘째 아들이 죽었을 때 어미는 상복을 1년 입습니다. 효종은 장자가 아니고 둘째 아들이니 대비께서는 1년을 입으셔야 합니다."

그때 윤휴는 벼슬을 하는 선비가 아니어서 굳이 그 논쟁에 끼어들 이유가 없었습니다. 한데 남인 쪽에서 학식이 높은 윤휴에게 의견을 구하기에 어쩔 수 없이 자신의 의견을 말하게 되었지요.

"효종이 비록 둘째 아들이기는 하나 한 나라의 국왕입니다. 국왕은 사대부의 예법이 아니라 왕가의 예를 따라야 합니다. 3년을 입는 게 맞을 듯합니다."

1년이냐, 3년이냐. 이 문제를 놓고 송시열을 중심으로 하는 서인과 윤휴를 지지하는 남인 사이에 몇 달 동안 치열한 논쟁이 벌어졌고, 논쟁 끝에 1년으로 일단락된 듯싶었지요. 그런데 몇 년 뒤 효종의 비가 세상을 떠나자 왕대비가 상복을 몇 년 동안 입어야 하는지를 놓고 또 논쟁이 벌어졌지요. 그때 윤휴와 송시열은 남인과 서인을 대표하여 다시 한 번 격돌했습니다. 이번에는 현종이 윤휴의 의견에 손을 들어 주어 서인 정권은 퇴각하고, 남인이 권력을 차지하게 되었지요.

언뜻 보면 참으로 쓸데없는 논쟁처럼 보일지도 모릅니다. 대체 왕대비가 얼마 동안 상복을 입어야 하는지가 뭐 그리 중요하다고 온 나라의 선비가 몇 년 동안 편을 갈라 죽기 살기로 논쟁을 벌이느

학문과 사상의 자유를 외친 _ 윤휴

난 말입니다. 하지만 이 문제는 그리 단순하지 않습니다. 왕을 일반 사대부와 같은 존재로 보느냐, 절대적인 존재로 보느냐 하는 중요한 문제니까요. 송시열은 임금도 자신들과 같은 사대부라 여겼고, 윤휴는 절대적인 존재로 본 것입니다.

논쟁에 패한 송시열은 왕의 권위를 인정하지 않았다 하여 유배를 가게 되었습니다. 사람 사이는 사기그릇처럼 한 번 금이 가면 다시 붙이기 어려운 법인데, 결국 그 논쟁 이후 윤휴와 송시열은 돌이킬 수 없는 관계가 되고 말았지요.

윤휴는 국문을 받고 곤장을 맞아 피투성이가 된 몸으로 유배를 가면서도 기뻤습니다. 유배지에서 못 다한 독서를 하며 여생을 마칠 생각에 마음이 벅차기까지 했답니다. 하지만 그건 헛된 바람이었습니다. 마음껏 책을 읽기는커녕 유배지에 당도하기도 전에 사약을 받들게 되었으니 말이지요. 윤휴는 송시열이 유배지에서 풀려나 한양으로 돌아오고 있던 바로 그 시각에 사약을 마셨습니다.

위원장 발표 잘 들었소. 어찌 됐건 유배 가는 중에 사약을 내린 건 좀 가혹하단 생각이 드는군요. 그런데 정통 유학과 다른 해석을 하는 걸 개혁이라 할 수 있을까요?

위원 제도의 개혁 못지않게 중요한 것이 학문과 사상의 자유라고 말씀드리지 않았습니까. 자유롭게 자신의 생각을 말할 수 있어야 사회가 발전하는 것이니까요. 지금 조선 유학자들 사이에서 백성에게 도움이 되는 실학을 하자는 논의가 활발하고, 서양에서 서학이 들어와 양반들 사이에서도 연구되고 있지 않습니까. 그런 면에서 학문과 사상의 자유를 몸소 실천하다 죽음을 맞은 윤휴야말로 조선 최고의 개혁가라 사료되며, 그가 주장한 학문과 사상의 자유가 지금 조선에서 보장돼야 한다고 주장하는 바입니다.

위원장 글쎄요. 유학자인 나로서는 동의하기 어렵소. 제멋대로 경전을 해석하고 천주학인가 뭔가 하는 서양 오랑캐의 학문까지 자유롭게 논하게 하면 그것에 동조하는 세력이 생겨나 나라의 근간이 흔들리지 않겠소.

위원 그렇지 않습니다. 자기와 다른 사상을 탄압하면 장차 이 나라에서 어떻게 학문이 발전할 것이며 더 자유로운 세상이 되겠습니까?

위원장 자유라니요, 무릇 이 세상에는 지켜야 할 법이 있고, 그 법의 뿌리가 공자와 맹자로부터 내려오는 유학 아니겠소. 내 생각엔 세금 제도 개혁도 좋고 모든 사람이 평등하다는 사상도 좋지만 절대 진리인 유학을 훼손하는 건 있을 수 없는 일이오. 그나저나 윤휴는 대체 무슨 죄목으로 사약을 받은 것이오?

위원 바로 그것이 문제입니다. 딱히 특별한 죄목이 없었습니다. 조선에서는 먼저 죄를 묻는 국문을 하고, 자백을 하면 판결문에 본인이 직접 수결하게 한 후에야 사형을 집행할 수 있지요. 그런데 앞에서 본 것처럼 죄를 자백하지도, 판결문에 서명을 하지도 않았는데 허균을 바로 처형했고 윤휴도 유배 중에 사약을 받았습니다. 그들의 입과 붓이 두려웠던 것이 아닐까 추측해 볼 수밖에요.

위원장 알겠소. 이제 윤휴가 어떤 인물인지 좀 더 들어 봅시다.

열두 살 소년의 상소

윤휴가 두 살 때 아버지가 세상을 떠났다.
외할아버지에게서 교육을 받으며 자랐다.
**아홉 살 때 임금을 그리는 마음을 시로 지어
주변을 감탄시켰다.**

열두 살 때는 더 놀라운 일을 벌였는데,
삭탈관작(削奪官爵)당한 아버지의 억울함을
풀어 달라며 상소를 올린 것이다.

삭탈관작은 죄를 지은
사람의 벼슬과 품계를 빼앗고
벼슬아치의 명부에서 그
이름을 지우는 것을 말해요.

"저의 아버지는 인조반정 초기에
승지 아무개가 상소를 올려 삭탈관작을 당했습니다.
저는 이 일이 매우 원통합니다.
예전에 저의 아비가 그 승지를 탄핵하여 파면한 일이 있는데,
그 원한을 갚으려고 그리한 것입니다.
저는 비록 어리고 약한 고아지만 아비의 억울함을 애통하게 여겨
죽을 것을 각오하고 글을 올립니다.
아비의 관작을 회복하여 주십시오."

조정 대신들은 놀라지 않을 수 없었다.
열두 살 소년이 상소를 올린 것도 놀랍고,
그 논리를 반박할 수 없는 데 더 놀랐다.
결국 인조는 윤휴 아버지의
삭탈된 관작을 회복시켜 줄 수밖에 없었다.

저의 아버지는
억울합니다.

장기 두다 떠들어도 안 된다고?

조선의 마을에는 그 마을에 살면 꼭 지켜야 하는 향약이 있었다.

이름 높은 선비이자 학자인 윤휴는
자기 마을만의 독특한 규약을 만든다.
얼마나 독특하냐고?
가령, 농사를 게을리하거나, 장기나 바둑을 두면서 떠들면 처벌한다.
옷을 사치스럽게 입거나 장례를 성대하게 치러도 처벌한다.
거짓말을 하거나 약속을 어기거나 술주정을 하는 것도 처벌 대상이다.
심한 잘못을 하면 관에 고발하고, 약한 잘못은 마을 사람들이 공개적으로 나무란다.
여러 번 잘못을 하고도 고치지 않으면 마을에서 쫓아내고,
잘못을 뉘우치면 다시 받아 준다.
수재, 화재를 겪거나 도둑이 들어 생계가 어려워진
이웃은 적극 도와준다.

조선 시대엔 마을마다 장례나 농사일 등
어려운 일을 서로 거들어 주는 공동체의 조직이 있었다.
이를 '두레' 혹은 '계'라고 한다. 지금도 시골에선 모내기,
추수 등을 할 때 품앗이를 하는데 두레의 흔적이라 할 수 있다.
향약은 여기서 조금 더 나아가 삼강오륜 등을 따르지 않는 자를
재판해 벌을 주거나 마을에서 쫓아내는 등 통제의 성격이 강했다.
후기로 갈수록 심해져 급기야는 농민의 재산을 빼앗거나
괴롭히는 도구로 전락한다.
© 국립중앙박물관

양반도 군대 가라!

윤휴 때문에 피곤해한 건 마을 사람들만이 아니었다.
양반 사대부들은 더 죽을 맛이었다.
윤휴는 과거에 급제하지 않았지만 학식이 깊어 조정의 부름을 받아 벼슬길에 나간다.
목적은 두 가지, 북벌 추진과 백성에게 가하는 온갖 폐단을 없애기 위해서였다.

이를 위해 먼저 서얼 차별을 없애고
양반도 군역을 져야 한다고 주장한다.

"양반 자제라면 적자, 서자 가릴 것 없이 군역 의무를 부과해야 합니다.
그 가운데 우수한 자를 수령으로 발탁하십시오."

당연히 양반 사대부들의 반대 상소가 빗발친다.

하지만 윤휴는 북벌을 추진하려면 국가가 강해야 하고,
국가가 강해지려면 백성이 부유해야 하고,
백성이 부유해지려면 양반 사대부들의 특권을 줄여야 한다고 생각했다.

나는 주자와 생각이 다르다

윤휴와 송시열의 관계가 틀어지기 시작한 건
주자(이름은 주희)를 바라보는 시각이 다르다는 걸
확인하면서였다.
조선의 유학자들은 주자의 해석을 절대적으로 신봉했지만,
윤휴는 다르게 해석했다.
주자가 33장으로 나눈《중용》을 10장 28절로 나누고,
주자가 지은 〈대학〉 해설서《대학장구》도 비판한다.
〈대학〉에 학문을 하는 방법이자 원리로 '격물치지(格物致知)해야 한다'는 말이 나오는데,
주자는 이 격물치지를 "사물의 이치를 끝까지 파고들어 가면(격물) 앎에
이른다(치지)"고 해석했다.

반면 윤휴는 명나라 유학자 왕양명(양명학파 시조)의 해석을 좇아
"마음을 바로잡음으로써(격물) 양심과 지혜를 밝힐 수 있다(치지)"고
해석했다.
진리를 탐구하는 방법으로 이론보다
"선악을 구분할 줄 아는 마음"을 강조한 것이다.

청나라 화가 초병정이 그린
양명학의 창시자 왕양명의 초상화.
수인이 본명이고, 양명은 호다.

주자학과 양명학의 다른 점은? ────
주자학과 양명학의 가장 큰 차이는 백성을 바라
보는 시각에 있다. 주자학은 사대부와 일반 백성
의 신분 차이를 하늘이 정해 준 것으로 본 반면 양
명학은 인간은 모두 평등하다고 주장했다. 철저한
계급 사회였던 조선 사회에 양명학이 뿌리 내릴
수 없던 결정적인 이유다.

양반들에겐 '위험인물'

남인으로 분류되던 윤휴는 숙종이 서인으로 정권을 교체하자
벼슬을 그만둔다. 미련 없이 여주로 돌아간 그를 서인들은
조용히 살게 내버려 두지 않았다.
없는 죄도 만들어 죽여야 할 판인데,
죽일 죄목이 마땅치 않았다.
그래서 별 이상한 꼬투리를 잡는다.
그가 임금에게 불경한 언어를 사용했고,
병권을 쥐려 했다는 것이다.

원래부터 말이 안 되는 얘기였고,
윤휴가 사실이 아니라고 반박하자 서인들은 난감해한다.

결국 최후의 수단으로 역모 죄를 뒤집어씌운다.
이 또한 윤휴가 강하게 부인하자 모진 고문을 가한다.
그의 나이 63세.
끝내 윤휴가 자백하지 않자
서인들은 그를 **유배**시킨다.

툭하면
역모래.

유배 ━━━━━━━━━━

유배란 죄인을 특정 지역에 보내 강제로 살게 하는 형벌이다.
흔히 '귀양살이'라고 한다. 지금으로 치면 무기징역에 해당되
니 사형 다음의 중벌로 여겼다. 유배지는 어떤 죄냐에 따라 달
랐는데, 특히 중죄인은 탈출이 어려운 외딴 섬으로 보냈다.
제주도·거제도·흑산도가 조선 3대 유배지였다. 보통 유배인
의 생계는 유배지에서 책임졌다. 그 때문에 유배지에서는 유
배인을 달가워하지 않았다. 영화 〈자산어보〉를 보면 유배인의
생활이 자세히 묘사돼 있다.

김준근, 〈유배 가는 죄인〉. © 국립기메동양박물관

송시열의 라이벌

조선 고종 때에 이건창(李建昌)이 조선의 붕당정치에 관해 쓴 《당의통략》에 따르면, 윤휴는 사약을 마시기 전 "나라에서 왜 유학자를 죽이는가!"라고 통탄했다고 한다.

윤휴가 죽고 얼마 뒤 송시열의 제자가 송시열에게 물었다.
"윤휴는 왜 사약을 받게 되었습니까?"
송시열이 대답했다.
"성현을 능멸한 죄가 가장 크다."

"《중용》의 이치를 주자 혼자만 알고 어찌 나는 모른단 말인가?"

이런 태도가 화근이 되어 윤휴는 결국 사약을 받죠. 참, 나는 송시열 제자!

개항기 양명학파 유학자인 이건방은 《난곡존고(蘭谷存稿)》〈원론(原論)〉 편에서 **송시열**을 이렇게 비판했다.

"우리나라 중엽에 큰 선비가 있었는데,
 처음에는 총명하고 글을 잘하여
넉넉히 사람을 감동케 하였다.
그러나 지위가 날로 올라가자 자기에게 붙는 자와
당파를 만들어서 자기에게 붙지 않는 자를 배척하며
그 말이 조금이라도 다른 자라면 반드시
주자를 이용해 말살했다."

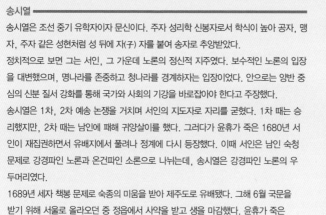

송시열

송시열은 조선 중기 유학자이자 문신이다. 주자 성리학 신봉자로서 학식이 높아 공자, 맹자, 주자 같은 성현처럼 성 뒤에 자(子) 자를 붙여 송자로 추앙받았다.

정치적으로 보면 그는 서인, 그 가운데 노론의 정신적 지주였다. 보수적인 노론의 입장을 대변했으며, 명나라를 존중하고 청나라를 경계하자는 입장이었다. 안으로는 양반 중심의 신분 질서 강화를 통해 국가와 사회의 기강을 바로잡아야 한다고 주장했다.

송시열은 1차, 2차 예송 논쟁을 거치며 서인의 지도자로 자리를 굳혔다. 1차 때는 승리했지만, 2차 때는 남인에 패해 귀양살이를 했다. 그러다가 윤휴가 죽은 1680년 서인이 재집권하면서 유배지에서 풀려나 정계에 다시 등장했다. 이때 서인은 남인 숙청 문제로 강경파인 노론과 온건파인 소론으로 나뉘는데, 송시열은 강경파인 노론의 우두머리였다.

1689년 세자 책봉 문제로 숙종의 미움을 받아 제주도로 유배됐다. 그해 6월 국문을 받기 위해 서울로 올라오던 중 정읍에서 사약을 받고 생을 마감했다. 윤휴가 죽은 지 9년 만에, 윤휴와 똑같은 방식으로 죽음을 맞이한 것이다.

그는 죽었지만 정치는 노론이 장악하여 그의 학문·정치적 영향력은 150년 넘게 이어졌다. 《조선왕조실록》에 가장 많이 이름이 오르내린 사실만 보더라도 긍정적이든 부정적이든 그가 조선 사회에 얼마나 큰 영향을 끼쳤는지 알 수 있다.

송시열 초상화. ⓒ 국립중앙박물관

잘한다!
내 제자~

조선은 유교의 나라다. 민주주의 국가에서는 국회·회사·군대·가정 모두가 민주주의 이념에 따라 운영되고, 이슬람 국가에서는 이슬람 율법에 따라 사회가 돌아가듯이, 조선은 유교 원리에 따라 사회가 유지됐다. 그렇다면 유교란 무엇일까.

유교는 공자(기원전 551~479)가 체계화한 사상이다. 춘추시대 노나라의 사상가이자 시인인 공자는 중국 역사상 최초로 학원을 열어 학생들을 가르쳤는데, 법보다 덕으로 나라를 다스려야 한다는 덕치와 사람을 위하는 인본주의를 주창했다. 공자는 이런 자신의 사상을 현실 정치에서 실현시켜 줄 어질고 현명한 군주를 찾아 제자들과 노나라를 떠나 10년 동안 주유(周遊, 두루 돌아다녔다는 뜻)했다. 하지만 공자가 살던 춘추시대는 수많은 나라가 영토를 차지하기 위해 서로 다투던 시기여서 공자의 사상을 받아 줄 군주가 없었다. 이런 이유로 공자는 세상을 떠돈 지 10년 만에 귀국하여 후학 양성에 힘을 쏟았다.

유교의 핵심 가르침은 인

예수의 가르침이 사랑이고, 부처의 가르침이 자비라면 유교의 인간관의 핵심은 인(仁)이다. 인은 인간의 도리를 말하는데, 예를 들어 부모가 자식을 사랑하고, 자식이 부모에게 효도하는 것이 인이다.

유교는 제사를 중시한다. 제사는 돌아가신 부모에 대한 효(孝)를 유지하는 행위인 동시에 자신이 생겨난 근원을 알고 자신의 존재를 자각하는 행위다. 제사 행위는 유교의 또 다른 핵심 가르침인 예(禮)의 실천이기도 하다.

유교에서 강조하는 통치의 목표는 백성을 편안하고 행복하게 살 수 있도록 만들어 주는 것이다. 그러려면 군주는 경제력이나 군사력이 아니라 인에 기반을 둔 도덕 정치로 백성들을 다스려야 한다. 공자는 제자들에게 이러한 사상을 전파했는데, 제자들은 스승이 남

공자의 '자'의 의미

공자, 맹자, 순자 등 인물에 붙는 '자(子)' 자는 학식 있는 스승에게 붙이는 일종의 경칭이다. 요즘 말로 하면 '~선생님' 정도의 뜻이다. 공자의 본명은 구(丘)이고, 맹자의 본명은 가(軻)이다. 공자, 맹자는 모두 성씨 '공', '맹'에 스승을 뜻하는 '자(子)' 자를 붙인 것이다. 중국 성현 중에 공자, 맹자 외에 '자' 자를 쓰는 인물은 노자, 장자, 증자, 순자, 관자, 한비자 등이다. 우리나라에서는 퇴계 이황과 우암 송시열에게 '자' 자를 붙여 각각 '이자', '송자'라 부르기도 한다.

긴 말을 모아 《논어》를 펴냈다. 공자의 사상은 수많은 제자를 통해 전수되었다. 공자의 제자 증자가 공자의 손자 자사를 가르쳤고, 맹자는 자사의 문하에서 학문을 닦았다. 공자의 유교 사상은 마침내 맹자에 이르러 체계화되었다.

맹자는 공자 사후 약 100년이 지나 공자의 고향 근처에서 태어났다. 그는 공자의 유교 이념을 계승·발전시키고 확장하였다. 그래서 유교에서는 공자와 맹자를 성인으로 추앙한다. 맹자가 학문을 닦는 데 가장 큰 영향을 끼친 사람은 당연히 공자이지만 그의 어머니도 공자 못지않은 영향을 미쳤다.

맹자 하면 맹모삼천(孟母三遷)이란 말이 유명한데, 맹자의 교육을 위해 맹자 어머니가 세 번 이사했다는 뜻이다. 맹자가 어렸을 때 묘지 근처에 살았다. 맹자는 만날 곡소리 흉내를 냈다. 그러자 어머니는 시장 부근으로 이사를 했다. 맹자는 장사치를 따라 했다. 이번에는 학교 옆으로 이사했다. 맹자는 공부에 매진했다.

맹모단기(孟母斷機)라는 고사도 있다. 학업에 매진하던 맹자가 지쳐 집으로 돌아오자 어머니가 짜고 있던 베를 단칼에 찢어 버렸다. 그러면서 "도중에 학문을 그만두는 것이 이와 같다"고 말하자 맹자가 크게 뉘우치고 다시 학문에 전념하게 되었다는 얘기다.

맹자도 공자처럼 자신의 사상을 현실 정치로 구현하고자 여러 나라를 찾아다녔다. 당시 중국은 강대한 일곱 나라(전국 7웅이라고 부른다)가 천하의 패권을 놓고 다투던 전국시대여서 군주들은 공자와 맹자의 인이니 의이니 도덕이니 하는 말에 관심을 두지 않았다. 그래서 맹자도 공자처럼 고향으로 돌아와 후학 양성에 힘썼다.

맹자는 공자가 인간의 덕성이라고 본 인(仁)에 의(義)를 더해 인의로 확장했다. 그러면서 "인은 사람의 마음이고, 의는 사람의 길"이라며 의를 실천하는 것이 중요하다고 설파했다. 맹자가 강조한 인간관은 사람은 타고날 때부터 선하게 태어난다는 성선설*이다. 맹자는 인간은 태어날 때부터 착하므로 인의예지(仁義禮智)를 실천하면 사회는 안정되고 세상은 태평할 것이라고 강조했다.

맹자는 사람의 본성인 인의예지 네 가지 마음을 사단(四端)이라 부르고, 인은 남의 어려움을 그냥 지나치지 않는 측은지심(惻隱之心), 의는 불의를 부끄러워하는 수오지심(羞惡之心), 예는 양보할 줄 아는 사양지심(辭讓之心), 지는 선과 악, 옳고 그름을 판단하는 시비지심(是非之心)이라 정의했다.

맹자도 공자처럼 군주는 권력보다 도덕적 규범으로 백성을 다스

성선설과 성악설

맹자가 인간은 본래 선하다는 성선설을 주장한 것에 반해 동시대에 활동한 사상가 순자는 인간은 본래 악하다는 성악설을 제기했다. 인간이 원래 악하기 때문에 다툼이 있고 전쟁을 벌이는 것이라고. 하지만 인간은 후천적 노력을 통해 얼마든지 선하게 된다고 주장했다. 성선설과 성악설에 대해 고자는 "인간은 본래 선하지도 악하지도 않다"며 "악한 환경에서 태어나면 악하고 선한 환경에서 자라면 선해지는 것"이라고 성선설, 성악설 모두를 부정했다. 인간은 과연 어떤 존재일까. 본래 선하기 때문에 악해지지 않도록 노력해야 하는 것일까, 원래 악하기 때문에 노력을 통해 선해져야 하는 것일까.

학문과 사상의 자유를 외친 _ 윤휴

려야 한다고 강조했는데, 이런 통치를 왕도(王道) 정치라고 한다. 맹자는 또 백성이 나라의 근본이며, 백성의 뜻에 따라 정치를 해야 한다는 민본주의 사상을 설파했다. 이는 모든 권력은 국민으로부터 나온다는 민주주의 이념과 견줄 만한 혁명적인 사상이었다. 맹자의 이런 생각은 《맹자》에 담겨 있다. 고대 그리스의 소크라테스와 그의 제자인 플라톤의 철학이 서양 철학의 바탕이 되었듯이, 동양에서는 그들과 비슷한 시기에 살았던 공자와 맹자의 유교 사상이 동양 철학의 바탕이 되었다.

| 소크라테스

| 공자

조선 최고의 개혁가 배틀

유교는 언제 우리나라에 들어왔을까

유교는 조선 시대에 수입된 것이 아니다. 고조선 때 이미 유교가 전해졌는데, 본격적으로 전파된 건 삼국 시대였다. 고구려는 소수림왕 2년(372)에 태학이라는 국립 학교를 세우고 학생들에게 《시경》, 《서경》,《역경》 같은 유교 경전을 가르쳤다. 비슷한 시기에 불교가 수입되고, 훗날 도교도 전해져 고구려에서는 유불선이 함께 공존했다.

백제도 유교를 받아들여 통치에 활용했다. 4세기 근초고왕 때 박사(博士, 교육을 맡아 보던 고대의 관직) 고흥이 역사서《서기》를 편찬하게 했는데, 역사서 편찬은 유교의 핵심 활동 중 하나다. 이것만 봐도 유교가 백제 문화에 영향을 끼쳤다는 걸 짐작할 수 있다. 백제는 중국에서 수입한 유교를 일본에 전해 주기도 했다. 박사 왕인을 일본에 보내 유교 경전을 전달하고 가르쳤다.

신라는 고구려와 백제보다 뒤늦게 유교를 수입했다. 진흥왕 때 《국사》를 편찬하고, 신문왕 2년(682)에 국학이라는 국립 교육기관을 설치한 데서 유교 수입의 증거를 찾을 수 있다. 화랑도에도 유교 색채가 배어 있다. 화랑이 지켜야 할 규율인 세속오계(世俗五戒)*에는 유교와 불교 사상이 융합되어 있다. 사군이충, 사친이효, 교우이신, 임전무퇴에는 유교의 충, 효, 신, 용 정신을 담고 있으며, 살생유

학문과 사상의 자유를 외친 _ 윤휴

택에는 불교의 가르침이
스며 있다.

삼국 시대에 이어 고려
도 유교를 받아들였다. 고
려를 흔히 불교의 나라라

고 하지만 유교적 요소를 받아들여 정치를 비롯해 교육, 윤리 등에
도 적용시켰다. 고려 성종은 유교적 이상주의를 지향한 왕인데 그
시대 유학자 최승로는 "불교는 수신의 근본이요, 유교는 치국의 근
본"이라며 유교에 기반을 둔 정치를 주장했다. 성종은 또 국립 대학
인 국자감을 세워 《논어》를 비롯한 유교 경전을 가르치게 했다. 주
자 성리학이 들어오기 전까지 고려는 유교와 불교, 도교, 토속신앙
이 별 갈등 없이 병존했는데, 성리학이 수입되면서 성리학자와 불
교 사이에 갈등이 일어나기 시작했다.

원나라가 지배하던 때 수입된 주자 성리학은 불교를 이단으로
배척했다. 정몽주, 정도전, 권근 같은 신진사대부*들이 특히 그랬
다. 이들은 불교식과 몽골식이 혼합된 이전의 의례와 복식을 유교

신진사대부

고려 말 정치권력을 장악하고 조선을 건국한 이들을 말한다. 신흥사대부(新興士大夫)라고도 한다. 이들은 대
부분 지방의 중소 지주들로 과거에 급제해 관료가 되었다. 사대부란 사(士)와 대부(大夫)를 합친 말로, 전근
대 중국과 한국에서 문무 관료 전체 혹은 문반 관료만을 가리키는 말로 쓰였다가 중국에서는 송나라 때, 한
국에서는 고려 후기에 등장한 신흥사대부를 가리키는 말로 사용되었다.

식으로 변경할 것을 왕에게 요구
했다. 불교의 폐단도 신랄하게 비
판했다. 결국 이들은 고려에 만연
한 불교를 배척하고 유학을 숭상
하는 숭유억불을 조선의 건국이
념으로 삼고 조선을 유교의 나라,
성리학의 나라로 만들었다. 정도

불씨잡변

조선 건국을 주도한 정도전이 쓴 불교 비판서.
정도전은 이 책에서 불교가 말하는 윤회설이
나 지옥설, 기복적인 성향 등을 지적하며 불교
의 교설은 인간과 세계에 대한 인식을 그릇되
고, 사리사욕에 골몰하게 하여 사회와 인륜의
질서를 파괴하니 국가에 유해한 종교라고 비판
했다. 이러한 그의 불교관은 이후 조선 사회에
도 큰 영향을 끼친다. 하지만 정도전은 불교 교
리를 올바로 이해한 것이 아니라 유교적 편견
을 갖고 불교를 비판한 것이기 때문에 주관적
인 독단이 강한 해석으로 비판받기도 한다.

정도전, 정몽주

신진사대부들이 불교를 배척한 건
단순히 다른 종교여서가 아니라 불교가 사회에
악영향을 끼쳤기 때문이에요. 고려는 불교의 나라잖아요.
조선이 주자 성리학만 떠받들면서 여러 문제와
부딪혔듯이 고려 역시 그랬던 거죠. 《회헌집(悔軒集)》을
보면 안향이 국자감의 학생들에게
"저 불교는 (…) 부모를 버리고 집을 나가서
윤리를 파괴하니 이는 오랑캐 무리"라고
말하는 장면이 나와요.

학문과 사상의 자유를 외친 _ 윤휴

전은 《불씨잡변(佛氏雜辨)》*에서 누구보다 강하게 불교를 비판했다.

조선 시대 내내 성리학자들은 도덕적 완성을 위해 자신을 끊임없이 수양하고[수기치인(修己治人)], 세상과 나라를 다스리고 백성을 구제[경세제민(經世濟民)]하는 것을 일생의 목표로 삼았다.

조선 시대 필수 교양서

조선의 유학자들이 꼭 공부해야 할 교양서로 사서삼경(四書三經) 또는 사서오경(四書五經)이 있다. 사서는 《논어》, 《맹자》, 《대학》, 《중용》이며 삼경은 《시경》, 《서경》, 《역경》이다. 이 삼경에 《예기》와 《춘추》를 더해 오경이라고 한다.

《논어》는 공자의 가르침을 제자들이 모은 것이고, 《맹자》는 맹자의 가르침을 제자들이 엮은 책이다. 《대학》은 공자의 제자인 증자와 문인들이 지은 것으로 전한다. 개인 수양과 국가 통치를 위한 규

범을 설파한 책으로, '수신제가치국평천하(修身齊家治國平天下, 나를 닦고 집안을 다스린 뒤 나라를 다스린다는 뜻)'라는 유명한 문장이 들어 있다.《중용》은 공자의 손자 자사가 지었다.

삼경의 하나인《시경》은 중국 최초의 시가집으로 오늘날 시(詩)라는 말이 여기서 나왔다.《서경》은 중국에서 가장 오래된 역사서로, 공자가 고대 중국 국가들의 역사를 모아 편찬한 책이다.《역경》은 자연과 우주 변화를 해석하는 바탕이 되는 책인데 주나라 때 길흉을 점치는 원리로 쓰여《주역》이라고도 한다.

오경에 들어가는《예기》는 예법에 관한 책으로, 공자와 그 후학들이 지었다.《춘추》는 공자가 노나라 사관이 지은 역사서에 자신의 시각을 덧붙여 편집한 것이다. 맹자가 "《춘추》가 나온 이후 간신

유교는 조상 숭배와 예의 등을 중시했다. 조선이 유교 국가였음을 상징하는 대표적인 건축물이 종묘인데, 종묘는 조선 시대 역대 왕과 왕비의 신위를 모신 사당이다. 유교에서는 사람이 죽으면 육체는 땅으로 돌아가고 영혼은 하늘로 올라간다고 보았다. 그래서 육체는 묘지를, 영혼은 사당을 지어 머물게 하고자 했다.

유교의 경전들. ⓒ 국립제주박물관

적자(奸臣賊子, 간사한 신하와 부모를 거스르는 자식)들이 벌벌 떨었다"고
할 만큼 역사를 엄중히 평가한 것으로 유명하다.

지금 우리에겐 사상의 자유가 있을까

조선의 성리학은 불교뿐 아니라 유학의 한 갈래인 양명학도 이단으
로 배척했다. 양명학은 중국 명나라 때 왕수인이 주창한 유학으로,
인간의 본성에 따라 행동하는 것을 옹호하고, 아는 것과 실천의 조
합을 강조한 학문인데, 성리학과 다른 이론이라며 배척한 것이다.

이 정도였으니 불교와 서학(천주교), 동학이 탄압받은 건 당연해 보인다. 학문과 사상의 자유를 허용하지 않고, 상대성과 다양성을 인정하지 않는 이런 태도는 조선이 새로운 문물을 받아들이는 데 걸림돌이 되었고, 결국 조선이 망하는 한 원인이 되었다.

프랑스 화가 니콜라 드 라르질리에르(Nicolas de Largillierre, 1656~1746)가 그린 볼테르 초상화

윤휴가 꼭 이단이어서 죽은 건 아니지만, 이단으로 몰린 이후 반대파들로부터 집중 공격을 당한 걸 보면, 조선에서 주자와 다른 의견을 내는 것이 얼마나 위험한 행동이었는지 알 수 있다. 그렇다면 오늘날 대한민국에는 사상의 자유가 있을까?

대한민국 헌법 19조는 모든 국민은 양심의 자유를 가진다고 돼 있다. 20조는 종교의 자유, 21조는 언론·출판 등의 자유, 22조는 학문과 예술 등의 자유를 보장한다. 그런데 헌법 어디에도 '사상의 자유'는 없다. 이 때문에 대한민국에서는 특정한 사

18세기 프랑스 철학자 볼테르(1694~1778)예요. 볼테르는 "나는 당신의 사상에 반대한다. 하지만 당신이 당신의 사상 때문에 탄압을 받는다면 나는 당신 편에서 싸울 것이다"는 유명한 말을 했죠.

학문과 사상의 자유를 외친 _ 윤휴

상을 품으면 위험에 빠질 수도 있다.

20세기 후반에는 정부 정책에 반대한다는 이유로 처벌을 받은 이들이 셀 수도 없었다. 평화통일을 주장한 까닭에 사형을 당한 정치인도 있었다. 북한 지도자 김일성이 체계화한 주체사상을 배우고 따랐다는 이유로 옥살이를 한 사람 역시 무척 많았다.

윤휴가 죽은 지 400년이 지났지만 아직도 완전한 사상의 자유를 누리기는 힘들다.

땅을
국가가 나눠
줍시다!

토지의 균등한 분배를 주장한

유형원

"모든 사람이 토지를 갖는 제도가 비록
불완전할지라도 사유 제도의 불평등에 비하면
그리 대단한 것이 아니네. (…) 농민에게 토지는
물고기에게 물 같은 거라네. 물이 있어야
물고기가 살듯 농민은 토지가 있어야 안정을
찾고 평화를 누릴 수 있네. 토지 제도 개혁을
통해 조선을 그런 나라로 만들어야 하네."

위원장　이제 후보 일곱 분 중 다섯 번째 인물에 관해 들어 볼 차례군요. 이번에 소개할 인물은 누군가요?

위원　위원장 영감.

위원장　왜 그러시오.

위원　조선에서 가장 높은 비율을 차지하는 사람들이 누구라 생각하십니까.

위원장　그야 농민들이지요. 백성 가운데 8할 정도가 농민 아닐까요?

위원　맞습니다. 그래서 조선에서는 농자천하지대본(農者天下之大本)이다, 즉 '농사짓는 사람이 천하의 근본'이라고 말하고 있지요. 그럼 그토록 중요한 농민에게 가장 중요한 게 무엇이라 생각하십니까?

위원장　이보시오, 위원! 지금 이 장면은 어디서 본 듯한 기시감이 드는데…, 아무튼 이 자리는 조선 최고의 개혁가를 선정하기 위해 그런 인물을 추천하고 청문을 하는 자리지, 위원장인 나에게 묻는 자리가 아니오. 어서 하려던 이야기를 하세요.

위원　알겠습니다. 농민에게 가장 중요한 건 단언컨대 땅입니다, 땅. 지금 우리가 여기 모여 조선의 위기를 극복하기 위해 어떤 부분을 먼저 개혁할지를 놓고 인물 청문회를 열고 있는데, 답은 의외로 간단합니다. 조선에서 가장 많은 사람이 가장 절실히 필요로 하는 개혁, 즉 토지 문제를 해결하면 되는 것입니다.

위원장　토지 제도 개혁이 가장 시급하다?

위원　그렇습니다. 지금 조선에서 토지 문제를 해결하지 않고는 그 어떤 개혁도 의미가 없습니다. 토지 제도 개혁이 1순위 과제이자 민생을 살릴 해결책입니다.

위원장　감이 와요. 토지 제도 개혁을 주장했던 인물을 추천하려는 것이군요.

위원　그렇습니다. 토지 제도 개혁을 누구보다 강력하게 주장한 학자가 바로 유형원입니다.

위원장　반계(磻溪) 유형원 말씀이군요. 한데 유형원을 최고 개혁가로 선정해야 하는 이유가 뭐요?

위원　말씀드렸듯이 조선에서 가장 중요한 토지 문제를 해결해야 한다고 주장했고 그 해결 방법을 제시했기 때문입니다.

위원장 토지 제도 개혁이라⋯. 나도 땅이 좀 있소이다만, 그 땅 덕분에 나도 소작인도 노비도 잘 먹고살고 있는데, 무슨 문제가 있단 말씀이오?

위원 영감처럼 토지가 많은 지주에겐 문제가 없어 보이겠지요. 하지만 정작 그 토지에서 농사를 짓는 농민이 보기엔 문제가 아주 많습니다. 그 문제를 해결할 방안을 유형원이 제시했지요.

위원장 허허. 알겠소. 무슨 말을 하려는지. 어디 유형원에 관한 이야기나 들어 봅시다.

문제의식을 갖게 한 병자호란

유형원(1622~1673)은 《반계수록》을 지은 실학자이자 개혁사상가입니다. 《반계수록》에서 유형원은 토지·교육·관직·국방·노비 제도 등 조선 사회 전반에 관한 개혁안을 제시했는데, 그 가운데 토지 제도를 바르게 하는 것이 개혁의 근본이라며 모든 토지를 나라 것으로 만든 뒤 백성에게 골고루 나눠 주자고 주장했지요. 그가 왜 이런 생각을 하게 되었는지를 알기 위해 그의 청년 시절부터 이야기를 풀어 나갈까 합니다.

병자호란이 일어났을 때의 일입니다. 청나라 군대가 얼어붙은 압록강을 건넜다는 소식이 한양에 퍼지자 사람들이 피난을 가기 위해 우르르 거리로 몰려나왔지요. 열다섯 살이던 유형원도 어머니, 할머니 등 집안 어른들을 모시고 피난길에 나섰습니다. 유형원의 아버지는 유형원이 두 살 무렵, 역모 사건에 연루되었다는 혐의를 받아 옥사했습니다. 이 때문에 유형원은 어린 나이에 가장이 되었지요.

유형원은 아는 분이 있는 강원도 원주로 가기로 합니다. 한겨울 한양 거리는 청군이 언제 들이닥칠지 모른다는 불안감에 넋이 빠진 사람들로 가득했습니다. 유형원 가족은 밤낮으로 걷고 또 걸었지요. 그렇게 며칠이 지난 어느 날이었습니다. 산길을 걷는데 몽둥이를 든 도적떼가 불쑥 나타났습니다. 할머니와 어머니는 이제 죽었구나 하며 두려움에 떨었습니다. 유형원도 겁이 났지만 짐짓 안 그런 척하며 그들 앞에 섰습니다.

"그대들도 부모가 계실 것이오. 우리 짐 보따리는 마음대로 가져가도 좋으나 어른들을 놀라게 하지는 마시오!"

어린 소년이 두 눈 똑바로 뜨고 당당하게 말하니 외려 산적들이 당황하여 흩어져 버렸습니다. 유형원의 강단이 어느 정도인지 보여 주는 일화라 하겠습니다.

난리가 끝난 뒤 한양으로 돌아온 유형원은 큰 의문을 품게 됩니다.

'대체 이 나라는 왜 이런 치욕을 당해야 했단 말인가.'

긴 고민 끝에 유형원은 이런 결론에 이르렀습니다.

'이 나라를 이끌어 가는 양반 사대부들이 무능하기 때문이다. 나라에 힘이 없어서 당한 것이다.'

그리고 다짐합니다.

'또다시 이런 치욕을 겪지 않으려면 잘못된 제도를 뜯어고쳐 나라를 부강하게 만들어야 한다!'

18년간 써 내려간 《반계수록》

유형원은 벼슬에 나가 탁상공론(卓上空論, 현실성이 없는 허황한 이론이나 논의)이나 일삼는 사대부가 되지 않겠다며 과거시험을 포기해 버립니다. 그 대신 나라에 실질적인 도움이 되는 공부를 하겠다고 마음먹지요. 그런 생각으로 유교 경전은 물론이요 역사·지리·병법 등 다양한 분야의 책을 두루 섭렵했습니다.

하지만 인생이 어디 뜻대로 흘러가나요. 전쟁이 끝난 뒤 집안에 슬픈 일이 연달아 일어납니다. 할머니가 돌아가시고, 이어 어머니도 돌아가시고, 유형원이 가장 의지하던 할아버지마저 세상을 떠나셨지요. 그렇게 삼년상을 세 번 치르고 나니 10년 세월이 휙 지나가 버립니다.

유형원은 할아버지가 살던 전라도 부안의 우반동으로 내려갑니다. 할아버지를 뵈러 갈 때마다 부안의 수려한 경치에 마음을 빼앗겼기 때문이지요. "고요하게 거처한 이후에야 안정을 찾을 수 있고, 안정이 되어야 깊이 생각할 수 있다"는 옛말이 있습니다. 유형원은 우반동이 바로 그런 곳이라고 생각했습니다. 1653년 유형원은 식구를 거느리고 그곳에 정착합니다.

우반동은 산으로 둘러싸인 데다 앞쪽은 포구여서 경치가 아름답기로 유명합니다. 경치뿐 아니라 논밭이 기름져 곡식이 풍성했고, 수산물까지 얻을 수 있어 먹고살 걱정 없는 천혜의 땅으로 알려졌지요. 경치 좋은 곳과 맛난 음식 찾아다니기로 조선에서 둘째가라면 서러워할 허균도 부안에 반해 한동안 우반동에 머물렀는데, 이 시기에 《홍길동전》을 지었다고 전하지요.

유형원은 우반동의 개울 이름인 반계를 호로 쓸 정도로 우반동에 반했습니다. 바다가 내려다보이는 산기슭에 조그만 초가를 짓고 중국의 옛 문헌과 우리의 옛 제도를 참고하여 책을 쓰기 시작했지요. 책 제목은 생각이 미치는 대로 그때그때 기록한다는 뜻으로 '수록'이라 지었고요. 유형원이 죽고 난 뒤 사람들이 유형원의 호를 따 《반계수록》이라 제목을 붙인 바로 그 책입니다.

유형원은 《반계수록》을 18년간에 걸쳐 썼습니다. 앞서 말했듯이 온갖 분야를 다루다 보니 그렇게 긴 시간이 걸렸던 것이지요. 그중 유형원이 가장 중요하게 여긴 것이 토지 제도 개혁이었습니다. 이런 생각 때문이었지요.

'조선 같은 농업 국가에서 토지는 천하의 근본이다. 근본이 안정되면 그 밖의 모든 일은 저절로 올바르게 된다. 그러나 지금 조선은 그 근본이 흔들리고 있다. 부자들 땅은 끝없이 펼쳐져 있고, 가난한 백성은 송곳 꽂을 땅조차 없다. 이런 까닭에 부자는 더욱 부자가 되고, 가난한 자는 더욱 가난해져 양민들은 마을을 떠나 도적이 되거나 부자들의 땅을 부쳐 먹는 소작인이 되어 간신히 먹고사는 형편이다.'

유형원은 또 생각했습니다.

'나라의 모든 폐단이 토지 문제에서 비롯되었는데, 이것을 고치지 않고 어떻게 나라를 부강하게 만들 수 있으며, 어떻게 백성의 삶을 안정시킬 수 있겠는가!'

책을 쓰다 힘이 들면 유형원은 집 뒤의 대나무 숲으로 갑니다. 수

권26 책13으로 구성된 《반계수록》. ⓒ 국립중앙박물관

고서를 말할 때
책과 권이란 단위 쓰는 걸 본 적이 있을 거예요.
책(冊)은 지금의 책처럼 여러 장의 종이를 묶어 제본한
형태를 말해요. 지금 우리가 흔히 쓰는 권의 의미죠.
위의 《반계수록》이 13권인 걸 보면 알 수 있지요.
권(卷)은 쉽게 말해 내용에 따라 나누었을 때 단위예요.
예를 들어, 《고려사》 권24 책45이면 《고려사》 전체에서
45번째 책이고, 내용으로 나누었을 때는
24번째라는 의미죠.

천 그루가 들어찬 대숲을 거닐며 바람 소리를 듣습니다. 마음이 안정되면 마을로 내려가 농부를 만나고, 포구에 나가 어부도 만납니다. 힘들지만 건강하게 살아가는 백성들과 틈틈이 이야기를 나누면서 무엇이 그들을 고통스럽게 하는지, 어떻게 토지 제도를 고쳐야 농부들의 삶이 안정될지 고민했습니다.

균전제를 제안하다

유형원은 중국 주나라에서 시행한 정전제(井田制)*가 가장 바람직한 토지 제도라 생각했습니다. 하지만 모든 토지를 '우물 정(井)' 자로 구획하는 것이 쉽지 않고, 토지를 개인 재산으로 삼으려는 지주들의 욕망이 너무 강했기 때문에 정전제는 주나라 이후 이어질 수 없었습니다.

토지 제도 개혁에 골몰하던 유형원은 오랜 연구 끝에 균전제를

정전제
고대로부터 학자와 정치가들은 중국 주나라의 토지 제도인 정전제를 가장 이상적인 토지 제도로 꼽았다. 정전제는 '우물 정(井)' 자에서 따온 제도인데, 정전제를 실시하려면 먼저 모든 토지를 나라 소유로 만들어야 한다. 그런 다음 井의 모양으로 땅을 나눈다. 이 땅 중 가운데를 뺀 주변 여덟 곳을 모두 농민들에게 나누어 준다. 땅을 받은 농민들은 열심히 농사를 지어 먹고살고, 가운데 땅은 함께 경작해 수확물을 나라에 바친다. 정전제는 유교 국가에서 이상적으로 생각하는 경자유전(耕者有田), 즉 밭을 가는 자가 토지를 갖는다는 원칙에서 비롯된 제도이다.

토지의 균등한 분배를 주장한 _ 유형원

조선의 새로운 토지 제도로 제안합니다. 균전제를 실시하려면 먼저 정전제처럼 모든 토지를 국가 소유로 만들어야 합니다. 그다음 국가가 모든 토지를 신분에 따라 재분배합니다. 토지를 받은 사람은 농사를 지어 10분의 1을 세금으로 냅니다. 이러면 농민 생활은 안정되고, 나라 살림은 늘어날 거라 생각했습니다.

물론 유형원의 이런 생각에 다들 놀라지요. 그중 한 제자와 나눈 대화를 옮겨 보겠습니다.

"선생님, 선생님이 말씀하신 균전제를 실시하려면 우선 토지를 국유화해야 하는데, 토지를 몰수하면 지주들이 가만히 있을까요?"

"양반들의 토지를 다 몰수하는 게 아닐세. 국유화한 뒤 양반들에게도 주지 않나. 그뿐인가. 그들의 자녀나 친척에게도 땅이 돌아가니 그렇게 억울해할 일은 아니라고 보네."

"그렇긴 하나 양반들이 땅을 가지려는 욕망이 너무 강해 절대 토지를 내놓으려 하지 않을 겁니다. 그러니 국유화 말고 사유권을 인정해 주되 소유할 수 있는 규모를 제한하는 한전제가 어떨까요?"

"사유권을 인정하면서 소유할 수 있는 규모를 제한하는 건 무한한 인간의 욕망 때문에 효과가 없다는 게 역사적으로 증명되었네."

"그렇다면 이런 건 어떨까요? 토지 소유권을 인정하는 대신 소작료를 대폭 내려 농민들 부담을 확 줄여 주는 방안요."

"소작제는 한전제만 못하네. 소작을 부치는 농민들은 자기 땅이 아니니 거름을 잘 주지 않고 농사도 열심히 짓지 않을걸세. 균전제를 하면 자기 땅이니 모두 열심히 일해서 지금보다 수확물을 두 배 이상 거둘 게야."

"자기 땅이라고요? 그것이 바로 소유권을 인정하는 거 아닙니까?"

"균전제에서 자기 땅이라 함은 완전히 소유하는 것이 아니고, '받아서 가지고 있는' 것이라네. 죽으면 국가에 반납하는 것이지. 모든 사람이 토지를 갖는 제도가 비록 불완전할지라도 사유 제도의 불평등에 비하면 그리 대단한 것이 아니네."

"양반들이 그래도 움켜쥐고 내놓지 않으면요?"

"국왕이 현명하고, 신하들이 협심하면 그 제도를 시행할 수 있고, 백성도 따를걸세."

"선생님 생각이 좋긴 한데, 너무 이상합니다."

"이상한 게 아니라 이상적인 것이네. 농민에게 토지는 물고기에게 물 같은 거라네. 물이 있어야 물고기가 살듯 농민은 토지가 있어야 안정을 찾고 평화를 누릴 수 있네. 토지 제도 개혁을 통해 조선을 그런 나라로 만들어야 하네."

"그런 이상적인 세계가 있을까요?"

"……."

사람들은 유형원이 이상하다고 수군거렸습니다. 나랏일을 하는

토지의 균등한 분배를 주장한 _ 유형원

관리도 아니면서 누가 알아주지도 않는 책을 뭣 하러 18년 동안이나 쓰고 있냐고 말이지요. 유형원은 정말 왜 그랬을까요. 유형원의 생각은 이랬습니다.

'조선은 쌓이고 쌓인 폐단을 고치지 못해 북쪽 오랑캐에게 병자호란이라는 큰 치욕을 당했다. 그런데도 벼슬하는 관리들은 오랜 관습을 따르는 것이 편해 개혁에 관심 없고, 초야에 묻혀 사는 선비들은 자기 수양에만 뜻을 두고 세상을 다스리는 데는 무심하니 심히 안타까운 일이로다.'

그래서 유형원은 언제 쓰일지 모르지만, 나라에 조금이라도 보탬이 되었으면 하는 바람으로 그 오랜 세월 동안 책을 썼던 것입니다. 유형원이 주장한 토지 제도 개혁이야말로 지금 조선이 채택해야 할 가장 중요한 과제가 아닐까요?

위원장 이야기 잘 들었소. 그런데 제자와 나눈 대화 마지막에서 유형원이 답을 하지 않은 것으로도 짐작할 수 있듯이 그런 이상 세계가 있겠소?

위원 유토피아*라면 가능합니다.

위원장 유토피아? 처음 듣는 말인데 어디서 나온 고사성어요?

토지의 균등한 분배를 주장한 _ 유형원

위원 말씀드리기 송구하오나 유형원을 연구하다 제가 만든 말이옵니다. 있을 유(有), 토지 토(土), 너 피(彼), 나 아(我) 즉 너와 나 모두 토지가 있는 세상이 바로 유토피아라는 말이지요. 유형원도 아마 토지 제도 개혁을 주장하면서 그런 세상을 꿈꾸지 않았을까 사료됩니다.

위원장 허허 참, 내 생각엔 '이 세상 어디에도 없는 세계'란 말 같소만. 어쨌든 수고했소.

위원 위원장 영감, 잠시만요.

위원장 왜 그러시오?

위원 지금 이 청문회가 조선 최고의 개혁가와 개혁안을 선정하는 자리지 않습니까? 유형원은 토지 제도 개혁을 주장한 것만으로도 이미 최고 개혁가로 선정될 만합니다만, 이후 조선의 수많은 개혁사상가에게 지대한 영향을 미쳤다는 사실로도 선정될 이유는 충분하다고 생각합니다.

위원장 유형원 뒤에 나오는 수많은 개혁사상가라면 혹시 실학자들을 일컫는 것이오?

위원 그렇습니다. 개혁 하면 누굽니까. 실학자들이지요. 성호 이익과 다산 정약용, 연암 박지원, 초정 박제가 등이 모두 유형원의 영향을 받았지요. 이런

유토피아(utopia)
16세기 영국의 정치가 토마스 모어가 만든 말로, '현실적으로는 어디에도 존재하지 않는 이상의 나라, 즉 이상향'을 말한다.

까닭으로 유형원을 실학의 시조라 하는 것 아닙니까. 개혁군주 정조께서도 유형원의 개혁안을 무척 높이 평가했다고 합니다. 이러니 조선 최고의 개혁가는 유형원이 아닐는지요.

위원장 글쎄요, 그건 그대의 생각이 아닐지. 아무튼 수고했고요, 유형원에 대해 아는 게 있으면 좀 더 털어 봅시다.

위원 네? 털어 보다니요?

위원장 미안하오. 들어 보자는 말이었소. 나이가 들어 치아가 빠지다 보니 발음이…, 흐흠.

아버지의 죽음이 준 트라우마

유형원은 1622년 서울 정릉동 외가에서 태어났다.
눈이 별처럼 빛나고 등에 북두칠성 같은 점이 있어
뭔가 범상치 않은 운명을 타고난 아이로 여겼다.

유형원의 불행은 불행이 뭔지도 모를 나이에 일어났다.
두 살 무렵에 인조반정이 일어났는데,
《어우야담》의 저자 유몽인은
다행히 관직에서 물러나 있어 서인들로부터 화를 입지 않았다.
하지만 서인들은 역모 죄를 조작해 기어이 유몽인을 사형한다.
유형원의 아버지 유흠도 이 사건에 연루돼 옥사한다.

훗날 아버지의 억울한 죽음을 알게 된 유형원은
벼슬길, 출세 등에 회의감을 품는다.

아버지를 죽인
아, 비정한 권력이여~

유형원이
출세 길을 포기하고
은둔자로 산 이유가 아버지
죽음으로 인한 트라우마
때문이라는 의견도
있어요.

이전에도 이런 아이가 있었을까

어린 유형원은 어른들의 기대 이상이었다.
그는 외삼촌 이원진과 고모부 김세렴에게 배운다.
두 사람은 이름난 학자요 관리였다.

유형원은 책을 읽으면 모두 외웠고
자신이 읽을 책을 스스로 정하고 독서 계획도 세웠다.
옆에서 또래들이 시끄럽게 떠들어도 꿈쩍 않고 집중해 주변을
놀라게 했다.
산수와 바둑까지 터득한다.

일곱 살 때 《서경》을 읽는다.
문득 깨달음을 얻으면 벌떡 일어나 춤을 추며 기뻐했다고 한다.
아홉 살엔 그 어렵다는 《주역》도 읽는다.

책을 읽은 후엔 외삼촌, 고모부와 토론을 하곤 했는데,
유형원의 말에 두 사람은 이렇게 감탄했다.
"아, 이전에도 이런 아이가 있었을까?"

우리는
네덜란드에서 왔소.

유형원의 외삼촌 이원진은 《하멜표류기》에 등장하는 바로 그 제주 목사다.
그림은 효종을 알현하는 하멜 일행.

필생의 역작

서울을 떠난 유형원이 정착한 곳은 전라도 부안의 우반동.
그곳에는 세종 때 우의정을 지낸 유형원의 9대조 할아버지 유관이
세종에게서 하사받은 땅, 즉 사패지(賜牌地)가 있었다.
유관은 청빈하게 살아 청백리로 유명했다.
재상이었는데도 집이 두 칸짜리 초가였다고 한다.

이렇게 비가 쏟아지는데 유관 나리 집은 괜찮으려나…．

조선 전기의 문신 서거정의 《필원잡기》에 이런 일화가 나온다.
장마가 길어지자 유관의 집 지붕에서 비가 줄줄 샜다.
유관이 우산으로 비를 가리며 부인을 보고 말했다.

"우리는 우산이 있어 이리 비를 피하는데,
우산이 없는 집은 어떻게 견딜꼬?"
부인은 딱하다는 듯 남편을 보며 말한다.
"우산이 없는 집은 미리 방비를 해
두었겠지요."

우리 집이나 걱정하세요.

우산 없는 집은 이 비를 어찌 피할꼬?

유형원은 사패지 덕분에 우반동에서 꽤 여유 있게 살았다.
서재에 책 만 권을 들여놓은 후 마음껏 학문을 닦았고,
서당을 지어 아이들을 가르쳤으며, 때때로 전국을 유람했다.
물론 우반동에서 그가 한 가장 의미 있는 일은
필생의 역작 《반계수록》을 집필한 것이었다.

반계서당

앞선 인재 선발 제도

유형원은 《반계수록》을 서른한 살인 1652년부터
쓰기 시작해 마흔아홉 살인 1670년에야 마친다.
이 책에서 유형원이 토지 제도만큼 중요시한 것이
관리 선발 제도 개혁이다.

유형원은 과거 제도는 인재를 공정하게
선발하지 못하기 때문에 없애고,
새로운 인재 선발 제도를 만들어야 한다고 주장했다.
그러자면 교육 제도를 개혁해야 한다고 보았다.
구체적인 내용은 이렇다.

지방에 15세 이상이 다니는 초급 학교인 읍학, 중급 학교인 영학을 설립한다.

유형원이 제안한 교육 제도는
지금의 체제와 비슷하다. 유형원이 얼마나 앞선 사람이었는지
보여 주는 예다.

서울에는 초급 학교인 사학(四學), 중급 학교인 중학을 둔다.
그리고 서울에 고급 학교인 태학을 설립한다.
오늘날 초중고·대학교 체제와 유사하다.

태학을 졸업한 학생들 중에서
매년 35명을 조정에 공거(貢擧)해
수습 기간을 거쳐 인품과 학식,
능력에 따라 관리로 임명한다.

유형원이 과거제 대신 공거를 주장한 이유는
과거제의 폐해 때문이다. 당시엔 특정 문벌 사람들이
부정한 방법으로 과거에 합격하는 경우가 많았다.

물론 공정하게 추천될 것인가에 대한 우려도 있다.
이에 대해 유형원은 교관들이 학식과 능력을 갖춘
학생을 잘 선발해 추천하면 가능하다고 보았다.

누굴 추천할
셈인가?
난 아무래도
김 군이….

노아의 방주

《반계수록》을 완성한 해에 조선은 대기근을 겪는다.
환란이 1670년 경술년부터 이듬해인 1671년 신해년까지
이어져 '경신 대기근'이라 한다.

소빙하기였던 그 두 해 동안 계속된
지진과 가뭄과 냉해 등 자연재해는 끔찍했다.
영국의 템스강이 얼어붙고, 아프리카 에티오피아에서는 일 년 내내 눈이 녹지 않았다.

조선 백성은 먹을 것을 찾아, 전염병을 피해 떠돌기 시작했다.
굶어 죽은 이가 백만 명을 넘어서자
노인들은 "임진왜란 때도 이보다는 나았다"며
비통해했다.

유형원은 몇 해 전부터 이런 사태를 예견했다.
혜성이 자주 나타나는 것을 보고 '큰 기근이 들 징조'라고 생각했다.
그는 마을 사람들에게 대비책을 세우라고 조언하지만,
아무도 듣지 않았다.

유형원은 가축을 팔아 가능한 한 많은 곡식을 사들였다.
대기근 때 그 곡식을 친척과 마을 사람들에게 나누어 주었다.
소문을 듣고 사람들이 몰려들었다.
값나가는 물건을 들고 와 곡식을 청하는 사람들도 있었다.
유형원은 무료로 곡식을 나누었다.
유형원의 집이 '노아의 방주'였던 셈이다.

뜻밖의 문상객

유형원은 1673년 봄,
병으로 누운 지 한 달여 만에 세상을 떠난다.
대기근 때 은혜를 입은 사람들이 찾아와 그의 죽음을 애도했다.

그런데 눈에 띄는 문상객들이 있었다. 사슴이었다.
사슴 백여 마리가 유형원 집 앞에서 발을 구르며 슬피 울었다.
관이 나가는 날에도 사슴이 몰려왔다.

이 기이한 현상에 다들 눈이 휘둥그레졌다.
이때 누군가가 사연을 말했다.
"몇 해 전 사냥꾼에 쫓기던 새끼 밴 사슴이 선생의 방으로 뛰어들었지요.
그때 선생이 사슴을 붙들어 놓았다가 이튿날 놓아준
일이 있습니다. 아마 그런 이유로….."

유형원은 평소 신분이나 나이를 따지지 않고
모든 사람에게 따뜻하고 너그러웠다. 특히 아이들에게 다정했다고 한다.

유형원이 죽었을 때
마치 은혜라도 갚듯이
사슴들이 찾아와 슬피 울었다고 해요.
유형원이 사람뿐 아니라 모든 생명체를
사랑한 따뜻한 사람이었다는 걸
말해 주는 일화가
아닐까 싶네요.

그때
배 속에 있던
녀석이 이렇게
자랐어요~

유형원이 관심을 가진 또 하나가 노비 제도였다. 노비는 남자 종 '노'와 여자 종 '비'를 합한 말로, 천인 중에서도 가장 천대를 받았다.

고조선에도 있었던 노비

우리나라에 언제부터 노비가 있었는지 확실히 알 수는 없지만 고조선 법률에 "남의 물건을 훔친 자는 그 집의 노비로 삼는다"는 기록이 남아 있는 것으로 보아 고조선 때 이미 노비가 존재했다는 사실을 알 수 있다.

삼국 시대 때도 노비가 있었다. 전쟁 포로나 범죄를 저지른 자, 돈을 갚지 않은 사람들이 노비가 되었다. 삼국 시대는 고구려, 백제, 신라 세 나라가 치열하게 전쟁을 벌이던 시기여서 포로가 노비가 되는 경우가 많았다.

고려 때도 노비 제도는 이어졌다. 고
려 전기의 개혁군주 광종은 노비를 해
방시켜 주는 조치를 취했다. 광종은 노
비안검법(奴婢按檢法)*을 시행해 원래
양인이었는데 호족들의 노비가 된 자
들을 조사해 양인으로 돌려놓는 조치
를 취했다.

노비안검법 ▬▬▬▬▬
고려 초기 광종 7년(956)에 양인이었
다가 노비가 된 사람을 조사하여 다시
양인이 될 수 있도록 한 법이다. 건국
후 고려는 호족들을 다스리려 애썼지
만 잘되지 않았다. 당시 호족은 후삼
국 시대 때 전쟁 포로나 빚을 못 갚은
양인 등을 노비로 삼아 많이 소유하고
있었는데 이 노비들은 호족이 소유한
토지와 함께 그들에게 경제, 군사적
기반이 되었다.

광종이 특별히 노비를 측은히 여기는 마음이 커서 그랬을까? 그
런 면이 없지는 않았겠지만 현실적인 이유는 따로 있었다. 광종이
즉위했을 때 고려는 호족 세력의 힘이 왕권을 위협할 정도로 컸다.
광종은 호족의 힘을 약화하고 왕권을 강화할 목적으로 호족들이 소
유한 노비를 양인으로 면천시켜 준 것이다. 의도대로 호족의 힘은
약해지고, 늘어난 양인이 세금을 냄으로써 국가 재정도 좋아졌다.

곡비. 가비 등 다양한 노비들

조선을 건국한 세력도 노비 제도를 이어 갔다. 조선 시대 노비는 크
게 공노비와 사노비로 나뉜다. 사노비는 주인집에서 사적으로 부리
는 노비이고, 공노비는 궁궐, 중앙이나 지방 관아 등에서 공적으로

부리는 노비다. 사노비는 다시, 주인집에서 함께 살며 노역을 하는 솔거노비와 주인과 따로 떨어져 살며 주인집 농사를 짓는 외거노비로 나뉜다. 공노비는 관아에서 노역을 하는 선상노비(選上奴婢, 선상노비는 지방에서 중앙 관아로 뽑아 올리던 종으로 '뽑아 올린다'는 의미로 선상이란 말을 붙였다)와 노역 대신 공물을 납부하는 납공노비로 나뉜다.

선상노비는 중앙이나 지방 관아에 출퇴근하면서 갖은 잡일을 도맡아했다. 한양에 살면서 한양에서 노역하는 선상노비는 사정이 좀 나았지만 지방에서 서울로 차출되어 노역을 하는 선상노비는 거처가 없는 경우 남의 집 처마 밑에서 거적때기를 덮고 자야 할 정도로 무척 힘든 생활을 해야 했다.

납공노비는 신공(身貢, 나라에서 장정에게 부과하던 공물)으로 매년 베 2필을, 여자 노비는 베 1필 반을 납부해야 했다. 여기에 자녀까지 둘 있다면 바쳐야 할 베가 6필 정도 된다. 공노비들은 생계를 꾸려 가며 신공까지 바쳐야 해서 너무 힘들었지만, 노비들이 바치는 공납은 국가의 중요한 재원이었다.

공노비*들의 삶이 아무리 힘들다 해도 사노비 중 하나인 솔거노비에 비할 바가 아니었다. 사노비는 상전인 주인집에 살며 주인을 위해 무한한 노동력을 제공해야 한다. 이사도 못하고, 돈을 모으지도 못하고, 혼인도 마음대로 하지 못했다. 주인이 시키는 대로 일해야 했고, 때리면 맞아야 했다. 드라마에서 남자 종은 주로 마당을 쓸

춘향이와 이몽룡이 오작교에서 만나는 장면을 상상한 것. ⓒ 국립민속박물관

《춘향전》에 나오는 남자 종 방자와 이몽룡을 사랑하는 춘향, 춘향의 몸종인 향단이는 각각 어떤
노비일까. 방자는 남원 고을 사또의 수발을 드는 공노비다. 관노비라고도 하는데, 노역을 했으니
지방 관아 소속의 선상노비였을 것이다. 춘향은 관기인 어머니에게서 태어났으니 천인 취급을
받는 관기였을 테고, 향단이는 춘향이 개인적으로 부린 종이었으니 춘향이네 사노비, 그중에서도
솔거노비였을 것이다.

거나 주인 토지에서 농사를 짓거나 하고, 여자 종은 밥하고 빨래하고 주인 수발을 드는 단순한 일을 하는 것처럼 나오지만 일이 그렇게 단순하지는 않다. 아기를 보는 유모, 바느질하는 침모, 노래를 불러 주는 가비, 남의 집에 문안을 다니는 문안비, 상가에서 울어 주는 곡비, 책 읽어 주는 책비 등 솔거노비는 일에 따라 다양했다.

공노비
조선에서는 노비 문서를 만들어 철저히 관리했다. 《경국대전》에 따르면 공노비의 경우 20년마다 정안(노비 기록 장부)을 만들어 의정부, 장례원, 각도, 각읍 등에 비치하고, 3년마다 노비의 출생과 사망 등을 조사해 변동 사항을 속안이라는 노비 장부에 기록했다.

구
노비는 '사람'이 아니라 가축과 같은 존재로 여겨 '명'이나 '인' 같은 단위를 쓰지 않고 '입 구(口)' 자를 써서 센다.

외거노비는 가정을 꾸리는 등 솔거노비에 비해 자유롭게 살았다. 주로 주인 토지에서 농사를 지었고, 수확량의 반 정도를 주인에게 바치고 나머지로 생계를 꾸렸다. 따라서 재산을 축적할 수도 있었다. 큰 농장을 소유한 양반의 경우 노비가 1천 구(口)*가 넘기도 했는데, 이런 외거노비 중에는 상업으로 부자가 되는 경우도 있었다.

말 한 마리 값도 안 되는 몸값

고려처럼 조선 초 노비의 자식은 당연히 노비가 되었다. 부모 중 한쪽만 노비여도 노비가 되었다. 그렇다 보니 양인 수가 점점 줄어들었다. 태종은 양인을 늘려 군역을 보충하고자 양인 남자와 노비 여자 사이의 자식은 아버지의 신분을 따라 양인이 되게 하는 법을 만들었다. 이를 아버지의 신분을 따른다 하여 종부법(從父法)이라 한다.

그런데 여자 종이 아이를 낳았을 때는 아버지가 양인인지 천인인지 몰라 노비 여부를 결정하기가 어려웠다. 그래서 세종 때에는 어머니가 노비면 노비로 삼는 종모법으로 바꾸었다. 이 종모법은 《경국대전》에 수록해 조선 시대 노비 제도의 기준이 된다. 하지만 이후에도 정부의 필요에 따라 종부법과 종모법이 번갈아 시행되었고 조선 후기 영조 때에 이르러 종모법으로 확정됐다.

이렇게 '생산'된 노비들은 주인의 중요한 재산이 되어 사고팔 수 있고, 세습도 가능했다. 그렇다면 노비의 가치는 얼마나 됐을까. 조선 초 노비 가격은 포 150필이었다. 당시 말 한 마리 값이 400~500필이었으니 말 값의 3분의 1 정도였다. 시간이 더 흘러 대략 말 가격과 비슷해졌다.

조선 시대엔 인구 중 노비가 차지하는 비중이 컸다. 태종 때 공노

토지의 균등한 분배를 주장한 _ 유형원

비는 11만 9602구였고, 세종 때 20만, 성종 때에는 35만여 구였다. 여기에 사노비까지 포함하면 대략 150만 구였다고 하는데, 이는 성종 때 전체 인구 400~500만 명의 3분의 1에 해당하는 숫자다.

노비 제도 폐지를 주장한 유형원

조선의 노비 제도에서 가장 특이한 점은 세습된다는 것이다. 앞서 설명한 것처럼 부모 중 한쪽만 노비여도 자식은 노비가 되었다. 유형원은 이건 너무 비인간적이라고 생각했다. 중국에서도 죄를 지은 사람을 노비로 삼기는 하지만 그 자식까지 노비로 삼지 않는다며 노비 세습을 철폐해야 한다고 주장했다.

> "노비 신분을 자식에게 물려주는 세습을 금지하고, 노비가 하던 일을 임금을 받는 고공(머슴)이 하게 대체함으로써 점진적으로 노비 제도를 폐지해야 한다."

유형원의 뒤를 이은 실학자 이익은 노비 세습은 반대했지만 노비 제도 자체를 없애자고는 하지 않았다. 실학을 집대성한 정약용도 노비 제도 폐지에 반대했다. 이런 흐름만 봐도 유형원이 얼마나 인간을 존중하는 생각을 가진 선구자였는지 알 수 있다.

전쟁에서 공을 세우면 면천되기도

조선 시대에는 대부분 한 번 노비가 되면 죽을 때까지 노비로 살았다. 하지만 노비 신분에서 해방시켜 주는 면천 제도도 있었다. 예를 들어 전쟁이나 난을 진압하는 데 공을 세우거나 곡식을 바치면 면천시켜 주었다. 일례로 이시애의 난*이 일어났을 때 부족한 무기와 군량미를 바친 노비들이 면천되었다.

임진왜란 때 전공을 세우고 면천된 노비들도 있다. 이런 노비들은 무과에 응시해 무관으로 임명될 기회도 얻었다. 또한 큰 기근이 일어났을 때 50~100석을 바치면 면천되었다.

노비에서 양인이 되어 출세한 이 중 가장 성공한 인물을 뽑으라면 단연 장영실이다. 동래 관노였던 장영실은 태종에게 발탁되어 궁중 기술자가 된 이후 세종 때 과학 분야에서 큰 공을 세워 벼슬을 살았다. 물시계를 만들어 정5품, 천문 관측기구인 혼천의와 해시계 앙부일구를 제작한 공으로 종3품 대호군에 올랐다.

이시애의 난

1467년 세조의 집권 정책에 반대해 이시애가 일으킨 반란. 이시애는 함경도 호족이었다. 세조 이전에 지방관은 그 지역의 명망 있는 호족 중에서 임명했는데 세조는 중앙집권체제를 강화하기 위해 서울에서 직접 관리를 파견했다. 이에 불만을 품은 이시애가 중앙에서 파견한 지방관을 모두 살해하고 그들이 반란을 일으키려 해서 죽였다고 거짓 보고를 했다. 이를 의심한 세조가 토벌대를 보내 반란을 진압했다. 이시애는 참형을 당했다.

토지의 균등한 분배를 주장한 _ 유형원

임진왜란 당시 평양성 전투 장면

조선 시대엔
면천 제도가 있었어요.
전쟁에서 큰 공을 세우는
것도 노비에서 벗어날
방법 중 하나였죠.

숙종 때 반석평이라는 노비의 신분 상승도 놀랍다. 사노비였던 반석평은 어려서부터 총명하여 주인의 사랑을 받았다. 주인은 반석평에게 글을 가르쳤고, 노비 신분에서 해방시켜 주었다. 이어 아들이 없는 양반가에 양자로 보냈는데, 반석평은 문과에 급제해 예조 참판, 한성부 판윤을 거쳐 형조 판서까지 올랐다. 노비 신분에서 문화관광부 차관, 서울 부시장을 거쳐 법무부 장관에까지 오른 것이다. 하지만 장영실과 반석평은 아주 드문 예이고, 대부분의 노비는 태어나 죽을 때까지 노비로 살아야 했다.

노비에게는 어떤 형벌도 가능했다. 노비를 매질하는 것도 합법이었고, 죽지 않을 만큼 굶겨도 죄가 되지 않았다. 심지어 죽여도 무방했다. 단 노비를 죽이려면 관가에 신고를 하고 허가를 받은 후 죽여야 했는데, 만약 그렇게 하지 않으면 주인은 곤장을 맞았다. 주인에게 큰 핍박을 받아도 노비는 역모를 알리는 것이 아닌 한 주인을 고발할 수 없었다.

아주 예외적으로 노비를 학대해 벌을 받은 주인의 예가 있다. 세종 때 권채라는 관리다. 그는 자기 집 여종이 자신의 허락 없이 할머니 병문안을 다녀왔다는 이유로 잡아다 똥을 먹였다. 이를 전해 들은 세종이 권채에게 벌을 내렸다. 하지만 이런 사례는 극히 드물었고, 국가는 상전들이 노비를 매질하거나 학대하는 것에 관여하지 않았다.

토지의 균등한 분배를 주장한 _ 유형원

구한말 함경남도 문천의 노비. ⓒ 국립중앙박물관

갑오개혁 때 완전히 폐지

17세기 이후 신분제가 흔들리면서 노비들에게도 변화가 찾아왔다.

신분제가 흔들린 배경은 이렇다. 농업 생산력이 증가하고, 대동법 확대와 화폐 사용 등으로 상업이 발달하면서 부농과 상업자본가가 등장했다. 부를 축적한 노비들 중에서 국가에 곡식을 바치고 노비 신분에서 벗어나는 이도 늘어났다. 《속대전》에 따르면 사노비의 경우 쌀 13석 정도에 해당하는 100냥을 바치면 노비 신분에서 벗어날 수 있었다.

한편 도망치는 노비가 속출해 더는 노비제를 유지하기도 어려웠다. 정조는 도망간 노비를 쫓는 추쇄(推刷)를 금지했고, 정조가 죽고 1년 뒤인 1801년 순조는 관아에 속한 공노비를 없앴다. 고종은 노비 세습을 폐지했다. 그러다 1894년 갑오개혁 때 노비 제도가 폐지돼 조선의 모든

노비가 해방됐다. 유형원이 노비 제도 폐지를 주장한 지 200년이 지난 뒤였다.

조선이 존립하는 데 노비는 없어서는 안 될 존재였다. 양반의 손발이 되었고, 관공서의 온갖 궂은일, 잡역을 도맡아했고, 농업 국가인 조선에서 농업 생산력을 높이는 산업 역군의 역할을 했다. 그럼에도 소나 말보다 못한 취급을 받으며 살았다. 현재 노비제가 남아 있는 나라는 거의 없다. 하지만 노비처럼 살아가는 사람들은 여전히 존재한다.

표현의
자유를
허하라!

문장 개혁가

박지원

"전하께서는 문체가 무너지면 세상
질서가 무너진다고 생각하는 것 같네.
그래서 성리학적 질서를 유지하기 위해
문체에 집착하시는 거겠지. 이것만
보면 전하는 개혁군주라는 명성과 달리
참으로 보수적인 임금이신 거 같네."

위원장 여러분의 발표를 듣다 보니 개혁하려는 분야가 다르고, 그 인물에 대한 평가도 달라 누구를 최고 개혁가로 선정해야 할지 고민되는군요. 자, 이번에 추천할 선비는 누구인가요?

위원 박지원입니다.

위원장 박지원이라면 연암 박지원?

위원 그렇습니다.

위원장 연암이라면 내가 좀 알지요. 이상한 소설이나 써서 양반들 골려 먹는 사람이 무슨 개혁가라는 말이오?

위원 시대가 변했습니다.

위원장 위원들께서 말끝마다 시대가 변했다 그러는데, 시대가 변해도 지켜야 할 도리가 있고 넘지 말아야 할 선이 있는 법이오.

위원 지금 그 선을 넘자고 여기 모여 개혁 방안을 논의하고 있는 것 아니겠습니까. 지금은 모든 백성이 썩어 빠진 조선을 아래로부터 위까지 개혁하라는 요구를 하고 있습니다. 또한 동학농민운동을 핑계로 외국 군대가 들어와 우리 조정을 위협하는 위중한 시기입니다. 하루 바삐 우리 힘으로 조선을 개혁해 새로운 나라로 거듭나야 할 시기이지요. 그런 생각을 표현할 글쓰기 역시 달라져야 할 때이고요. 이런 이유로 옛날 방식에서 벗어나 자유로운 문체로 개성 있는 글을 쓰는 연암이야말로 개혁의 표상이 아닐까 하는 생각이 듭니다.

위원장　요즘 젊은 분들은 자유 참 좋아하는 것 같구려. 한데 개혁과 글쓰기가 무슨 상관이란 말이오.

위원　상관이 있습니다. 개혁을 하려면 표현의 자유가 그만큼 중요하고, 그 표현의 자유를 온몸으로 부르짖었던 이가 박지원입니다. 위원장 영감, 사람이 동물과 다른 점이 무어라 생각하십니까?

위원장　아, 개혁가 청문회 하는데, 왜 자꾸 나한테 질문을 하고 그러시오. 사람이 동물과 다른 점은 일단 말을 하느냐가 중요하고, 그다음 효도를 아느냐, 또한 예와 의를 아느냐, 모르느냐 차이 아니겠소?

위원　일견 맞는 말씀이나 전부는 아니지요. 말을 한다는 점에 있어서는 동물도 저들끼리 저들만의 말을 합니다. 새가 우는 게 단지 배고파서이겠습니까. 이리 날자, 저리 날자, 여기 먹을 게 있다 하며 서로 주고받는 것이겠지요. 효로 말하면 우리 사람이 어미를 끔찍이 공경하는 까마귀만 하겠습니까. 또 예의로만 말하면 집에서 키우는 개가 얼마나 예의 바르고 의롭습니까.

위원장　개가 예의 바르고 의롭다니, 그 무슨 바둑이 같은 소리요?

위원　자기 생명을 던져서 주인을 살렸다는 충견 이야기를 못 들어 보셨습니까? 그런 개를 보면 예의와 의리가 없다 할 수 없겠지요. 사람이 동물과 결정적으로 다른 점은 문자를 사용한다는 것입니다. 글을 쓴다는 것이지요. 글은 자신의 생각을 문자로 표현한 것이고요. 지금 조선을 개혁하는 데 꼭 필요한 것이 자신의 생각을 자유롭게 표현하는 일이라고 생각합니다. 바다 건너 미국이나 구라파에서는 언론과 출판, 표현의 자유가 보장되어 누구나 자유롭게 자신의 의사를 표현할 수 있답니다.

위원장　거참 말이 많구려. 어서 박지원 이야기나 들어 봅시다.

문체 때문에
기강이 흔들린다?

연암 박지원(1737~1805)은 북학파 실학자이자 명문장가입니다. 사신단 일원으로 청나라에 다녀온 뒤 쓴 《열하일기》가 유명하지요.

그 책에서 그는 청나라 문물을 배워야 한다고 주장하는 한편, 풍자와 해학을 통해 양반들의 위선을 날카롭게 꼬집습니다. 그런 박지원에게 전하(정조)께서 연암의 문체가 성리학적 고전 문체에 반한다는 이유로 반성문을 쓰라는 처분을 내리기도 하셨지요.

저의 조부가 박지원과 친했는데, 연암 선생과 있었던 일을 어렸을 때 들은 적이 있습니다. 어느 날 조부께서 박지원을 찾아갔더랍니다. 할아버지도 글쓰기에 관심이 많아 둘은 이런저런 이야기를 나누었는데 연암 선생이 불쑥 불만을 털어놓더랍니다.

"이보시게, 오늘은 내가 주상 전하 흉을 좀 봐야겠네."

그러면서 얼마 전 한양 사는 지인에게서 받은 서찰 이야기를 하더랍니다. 편지의 요지는 이랬습니다.

'연암 선생님, 안의 현감으로 부임하신 지 2년이 지나가는데, 그간 평안하셨는지요? 이곳 한양은 주상께서 어쩌고저쩌고하시어 잘 돌아가고 있습니다. 다름이 아니라 얼마 전 주상께서 요즘 선비들의 문체가 조급하고 경박하여 볼품이 없다 책망하시며, 선비들 문체가 이리된 건 다 박지원 때문이라고 말씀하셨습니다. 그 벌로 선생께 '바른 글' 한 편을 지어 올리라는 처분을 내리셨고요. 저도 이미 반성문을 썼습니다. 선생께서도 빨리 바른 글 한 편을 지어 올리셔서 전하의 처분에 응답하시기를 바랍니다. 하옵고 바른 글을 지어 올리시면…….'

편지를 읽고 난 뒤 선생은 생각했답니다.

'우리 임금님은 다 좋은데 너무 바른 게 문제야. 정치도 바르게, 생각도 바르게, 글도 바르게…. 이제 문체까지 바르게 하라고 하시네. 그것만 아니면 정말 좋은 임금님인데.'

지당한 말씀이지요. 정조 임금이 얼마나 훌륭한 분입니까. 지금 우리가 여기 모여 조선 최고의 개혁가를 선정하는 심의를 하고 있지만 그 후보로 개혁의 상징인 정조 임금님이 빠진 것이 이상할 정도지요. 그런데 이렇게 훌륭한 임금님이 왜 느닷없이 문체를 가지고 선비들을 통제하시려는 거냐며 선생은 못마땅해했다고 합니다.

사실 선생은 편지를 받기 전에 이미 임금께서 문체반정 운동을 벌인다는 이야기를 들었습니다. 문체반정(文體反正)이란 전통적인 옛 문체로 돌아가야 한다는 뜻인데, 문체반정의 일환으로 몇몇 선비를 콕 집어 반성문을 지어 올리게 한 것이지요.

문체가 뭡니까. 사람마다 말투가 있지요. 어떤 사람은 다정하고 점잖게, 어떤 사람은 훈장처럼 매양 가르치려는 듯이, 어떤 사람은 누룽지처럼 구수하게, 또 어떤 사람은 하인 대하듯 각박하고 인정머리 없게 말을 하지요. 말투가 사람마다 다르듯 글도 쓰는 이마다 독특한 개성이 있기 마련인데, 이 개성을 갖고 뭐라 하니 선생이 투덜댈 수밖에요.

하지만 임금님은 선비들 문체에 큰 문제가 있다고 생각하신 듯

합니다. 규장각 신하들에게 이런 말씀까지 하셨다고 합니다.

"요즘 선비들이 패관소품(稗官小品) 문체를 따라 써서 문제다. 패관*이 무엇이냐. 길거리에 떠도는 이야기나 소설이 아니냐. 소품은 자잘한 이야깃거리들, 이를테면 풀·나무·꽃·벌레·돌 같은 소재를 다루는 글이고. 이런 패관소품은 《논어》나 《맹자》, 《시경》이나 《서경》 같은 유교 경전의 고전 문체와 달리 자유롭고, 발랄하고, 웃기고, 슬퍼서 사람의 마음을 움직이는 힘이 있다는 건 안다. 그러나 나는 그걸 나쁘게 본다. 그런 글을 읽고 쓰다 보면 세상 풍속과 인심이 바르지 않게 되고, 풍속과 인심이 바르지 않으면 나라의 질서가 무너지고 말 것이다."

임금은 문체가 바르지 않으면 나라의 질서가 무너진다고 본 것이지요. 하지만 사람이 밥만 먹고 살 수 없듯이 선비들이라고 만날 공자, 맹자만 읽고 살 수 있습니까. 정조 임금 때 청나라에서 수입된 소설 중에 재밌는 게 얼마나 많았습니까. 선비들이 그런 책을 읽다 보니 저도 모르게 패관소품 문체를 따르게 된 것이지요.

임금은 더는 안 되겠다 싶어 패관소품 문체를 쓰는 관리들에게 반성문을 쓰라

> **패관**
>
> 옛날 중국 한나라에는 '패관'이라는 관직이 있었다. 패관은 궁궐 밖이 어떻게 돌아가는지 알기 위해 사람들의 이야기를 기록했다. 민간에 떠돌아다니던 자질구레한 이야기를 모아 정치를 잘하고 있는지, 민심이 어떤지를 살피려는 목적이었다. 사람들의 말을 기록하다 보니 정식 공문서와 다른 문체가 생겨났다. 《수호전》, 《금병매》 같은 소설이 당시 조선에서 인기를 끈 대표적인 패관 문학이다.

《수호전》의 한 장면

문체가 바르지 않으면 나라 기강이 흔들린다고 우려한 정조.
하지만 문체반정을 일으킨 이유가 자신의 지지 기반인
남인을 노론으로부터 지키기 위해서였다는 주장도 있다.

고 명하셨고, 과거시험에서 패관소품 문체를 쓰면 합격을 취소시키
셨지요. 그 조치가 어느 정도 효과를 보자 마지막으로 문체 파괴 주
범 박지원에게 반성문 대신 바른 글을 한 편 지어 올리라고 하신 겁
니다.

《열하일기》는 연암 선생이 사신단에 끼여 청나라에 갔을 때 그곳에서 보고 듣고 느낀 점을 기행문 형식으로 쓴 것인데, 책이 출간되자마자 한양에서 난리가 났었지요. 듣도 보도 못한 벽돌로 지은 반듯한 건물이며 넓은 도로, 그 도로를 달리는 수레들, 청나라 사람들의 생활 풍습, 이런 것들이 묘사돼 있으니 신선했던 거지요. 또한 양반의 가식을 풍자하는 글은 얼마나 재미난 줄 모릅니다. 저도 할아버지께 전해 받은 《열하일기》를 얼마 전에 읽었는데, 그때의 충격을 잊을 수가 없습니다.

연암은 특히 대상을 묘사하는 솜씨가 뛰어났습니다. 그렇게 쓴 이유를 조부에게서 들은 적이 있습니다. 연암 선생이 언젠가 이러더랍니다.

"나는 말일세, 글은 개성이 없고 재미가 없으면 안 된다고 생각하네. 읽다가 배꼽을 잡고 뒹굴 만큼 재밌게, 밥을 먹다가 밥알을 탄환처럼 뿜을 정도로 재밌게 써야 한다고 생각해. 이런 생각으로 나름 재밌게 쓴다고 썼는데⋯. 특히 《열하일기》에 삽입한 〈호질〉과 〈허생전〉은 독자들이 손에 땀을 쥐게 할 만큼 심혈을 기울여서 쓴 소설이지. 참, 심혈을 기울였다든가, 손에 땀을 쥐게 한다든가, 이런 표현은 안 쓰는 게 좋아. 진부하고 상투적이거든. 하하하."

연암은 농사도 안 짓고, 장사도 안 하고, 오로지 책이나 읽으며 백성 위에 군림하려는 양반들 꼴이 영 못마땅했습니다. 양반들을 아주

문장 개혁가 _ 박지원

발가벗기듯 탈탈 턴 이유지요. 그런데도 생생한 문체 때문인지 아니면 풍자 때문인지, 책을 읽은 선비들은 연암에게 열광합니다.

자연 연암의 문체를 따라 하는 선비들이 생겨났고, 임금께서 그런 흐름을 걱정해 선생에게 반성문 격으로 바른 글을 지어 올리라고 하신 것 같습니다.

표현의 자유를 갈망한 문장 개혁가

연암 선생은 어쩌다 남과 다른 문체로 글을 쓰게 된 걸까요? 저는 그게 참으로 궁금하여 할아버지께 여쭤 보았지요. 할아버님 말씀입니다.

"연암이 글을 재미있게 쓸 수 있었던 건 글보다 세상을 먼저 알았기 때문이란다. 무슨 말인고 하니, 연암은 할아버지 밑에서 자랐는데 할아버지는 웬일인지 어린 손자에게 글을 가르치지 않으셨어. 연암은 글을 배우는 대신 저잣거리에 나가 별의별 사람을 만나고 다녔지. 거지, 협잡꾼, 똥 푸는 사람 등등 말이다.

그러다 열여섯 살에 겨우 글을 배우기 시작했는데, 그 이듬해가 우울증을 앓았단다. 이상하게 밥맛이 없고 잠도 안 오고 우울하더래. 어떡하나 고민하다 이야기를 재밌게 해 주는 노인이 있다는 소문을 듣고 그분을 만나 보면 병이 낫지 않을까 하여 집으로 모셨단다. 그분이 청년 박지원을 보더니 그러시더래.

'먹기 싫고 잠 못 자는 것은 병이 아니네. 가난한데 밥맛이 없으면 밥을 아끼니 부자가 될 것이요, 잠을 못 자면 남들보다 곱절을 사는 거니까 또한 복이 아니겠는가.'

연암은 그 노인 덕분에 밥도 먹게 되고 잠도 잘 자게 됐다는구나. 그러고는 글을 쓰기 시작했지. 저잣거리에서 만난 신기한 사람들의 이야기, 그 이야기를 아주 재밌게 썼지. 젊어서부터 그렇게 글을 쓰다 보니 《열하일기》 같은 불후의 명작이 탄생한 거 같구나."

박지원은 임금께 바른 글을 지어 올려야 하나 고민했지요. 편지 말미에, 명을 따르면 종2품 높은 벼슬을 주시겠다는 내용이 있었답니다. 주위에선 다들 이랬지요.

"연암 선생님, 그러니까 이게 반성문 자체가 목적이 아닌 겁니다. 벼슬을 주려고 핑계를 대신 게지요. 그러니 반성하는 척하며 글을 지어 올리시지요."

하지만 연암은 선뜻 쓸 생각을 하지 않았습니다. 그러면서 단원 김홍도 이야기를 꺼내더랍니다.

"이보게, 단원의 그림을 아는가? 훈장님 회초리에 금방이라도 울음을 터뜨릴 것 같은 아이, 왁자지껄한 씨름판 풍경, 이런 단원의 그림이 어떻게 나온 줄 아는가? 들리는 바에 따르면 정조 임금께서 단원에게 서민들 모습을 그리라고 명했다는 게야. 그림을 보는 이가 배꼽을 잡고 웃을 정도로 재밌게 그리라면서 말일세. 글로 치면 패관소품이라는 글들이 그러한데 어찌 전하께선 그림은 그렇게 그리라고 하시면서 글은 억압하시냔 말일세."

글이란 글쓴이의 생각입니다. 글을 통제한다는 건 곧 그 사람의 생각을 통제한다는 뜻이지요. 연암은 문체반정을 통해 사람의 생각을 통제하려는 것은 아닐까, 그건 합당한 일인가 하는 강한 의문을 품은 것 같습니다.

"전하께서는 문체가 무너지면 세상 질서가 무너진다고 생각하시

아니,
이런 문체를….
당장 금하시오!

는 것 같네. 그래서 성리학적 질서를 유지하기 위해 문체에 집착하시는 거겠지. 이것만 보면 전하는 개혁군주라는 명성과 달리 참으로 보수적인 임금이신 거 같네."

연암 이야기를 듣고 제가 느낀 건 패관소품과 연암의 풍자적인 문체를 나라가 온전히 통제하지 못하리라는 것입니다. 실제로 연암 이후 조선에서는 자유로운 글쓰기가 큰 흐름이 되었고, 그 물줄기를 되돌릴 수는 없었습니다. 그 자유로운 글쓰기의 선두에 연암이 있으니 연암은 조선의 문장을 개혁한 문장 개혁가가 아니겠습니까.

청은 오랑캐가 아니라 선진국

위원장　이야기 잘 들었소. 글 좀 쓴다고 해서 최고 개혁가 후보에 올리기는 좀 약한 것 같은데요.

위원　글만이겠습니까? 《열하일기》를 보면 아시겠지만 그 책 안에는 청나라의 새로운 문물에 관한 묘사가 가득하지요. 그러면서 청나라의 발달된 문물을 받아들여 조선을 개혁해야 한다고 주장합니다. 그를 달리 북학파(北學派)* 실학자라 하겠습니까? 앞서 유형

> **북학파**
> 조선 영조·정조 때에 청나라의 앞선 문물을 받아들이자고 주장한 학파. 특히 상공업을 발전시키는 데 큰 관심을 가졌다. 박지원을 필두로 이덕무, 홍대용, 박제가 등이 대표적인 인물이다.

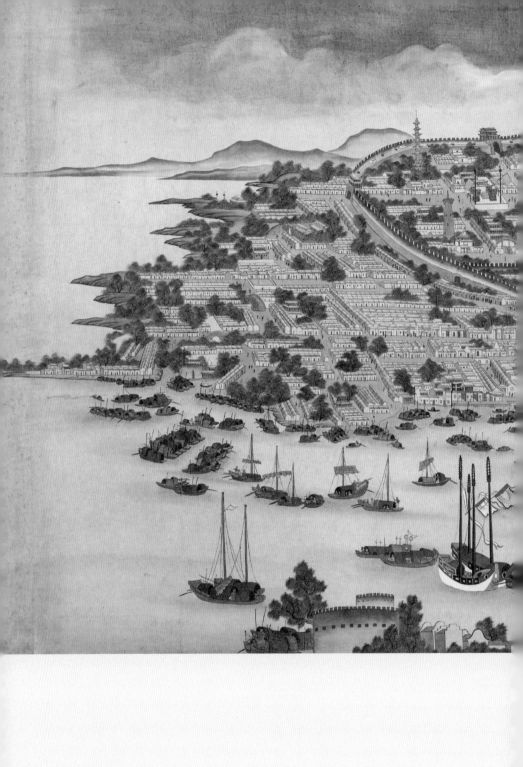

북학파는 청나라를 오랑캐라며 덮어놓고 무시하지 않았다. 그림은 18세기 후반 광저우 전경.

원을 실학의 시조라 하는 말을 들었습니다마는 유형원은 일정 정도 한계가 있습니다. 그는 청을 오랑캐라 배척하고 북벌을 해야 한다고 주장했습니다. 물론 병자호란을 당한 뒤라 그런 원한을 이해할 만합니다만, 시대의 큰 흐름을 읽지 못한 측면도 있습니다. 박지원은 달랐습니다. 이미 청나라가 더는 조선 선비들이 생각하는 오랑캐가 아님을 간파했지요. 서구의 선진 문물이 청나라 수도로 몰려들고 청은 그것을 받아들였으니까요. 그래서 박지원은 청에 우리보다 나은 문화가 있다면 받아들이자고 주장했습니다. 박지원의 영향을 받아 박제가도 북쪽, 즉 청을 배우자는 북학파 실학자가 되었지요.

위원장　그렇군요. 연암이 조선 최고의 개혁가로 선정될 만한 인물인지는 잠시 뒤 전체 토론에서 이야기하기로 하고, 어떤 인물인지 더 들어 봅시다.

조선을 뒤흔든 기행문

이 사람이 궁금하다!

1780년 6월 박지원은 청 황제의 칠순 생일을 축하하기 위한
사절단의 일원으로 연경(燕京, 베이징의 옛 이름)을 방문한다.
압록강을 건너 청나라 초기 수도였던 심양을 거쳐 연경에 이르는 2천여 리 대장정.
박지원 일행이 연경에 당도했을 때 건륭제는 **열하(熱河)**로
피서를 떠나고 없었다. 이 때문에 사절단은 열하로 다시 향해야 했다.
박지원은 다섯 달에 걸친 긴긴 연행을 마치고 돌아와
《열하일기》를 지었는데,
책 제목이 '연경일기'가 아니고
《열하일기》인 이유다.

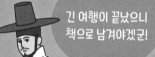

긴 여행이 끝났으니
책으로 남겨야겠군!

193

중국을 다녀온 조선의 사신들이 남긴 기록인 연행록(燕行錄)은 4백여 편.
그중 《열하일기》가 최고로 꼽히는 이유는 무엇일까.

첫째, 세세한 묘사. 동아시아 선진국이었던
청의 풍물과 제도 등을 자세히 묘사했다.
둘째, 개성 있는 문체. 발랄하고 생기 넘치며
풍자와 해학이 어우러진 문장이 압권이었다.
셋째, 작가의 관점. 보고 들은 것을
단순히 기록한 것이 아니라
작가 자신의 생각을 과감하게 표현했다.

뒤 페이지에서
큰 그림으로 감상해
봐요~

열하

열하는 옌산산맥[燕山山脈]의 고지대에 있어 한여름에도 섭씨 20도를 넘지 않는다. 명나라 이후 줄곧 황제의 피서지가 된 이유다. 청나라의 '여름 수도'라 할 수 있다. '뜨거운 강' 즉, '열하'란 이름은 온천수 탓에 강의 수온이 높아 겨울에도 잘 얼지 않는 데서 비롯됐다고 한다. 박지원은 열하를 '천하의 두뇌'라고 했다. 북쪽으로는 몽골과 조선, 서쪽으로는 티베트를 통제할 수 있는 지리·군사적 요충지였기 때문이다.

강희제부터 건륭제까지 4대에 걸쳐 지은 열하의 전경을 그린 〈열하행궁전도〉.

기술을 천시하는
사대부들을 비판하다

청나라에서 박지원을 가장 먼저 놀라게 한 건 벽돌집이었다.
"그 흔한 돌을 놔두고 뭣 하러 벽돌을 굽는단 말인가."
일행은 대수롭지 않게 여겼지만 박지원은 벽돌집을 유심히 관찰하고 기록했다.

벽돌집은 위는 가볍고 아래는 튼튼하며
기둥이 벽 속에 들어가 있어 비바람을 겪지 않는다.
화재나 도둑을 염려하지 않아도 되거니와
문 하나만 닫으면 성문을 닫은 셈이 되니
집 안의 모든 물건을 궤 속에 간직한 것과 같다.

내가 한 디테일 하지.

훗날 박지원은 북촌에 벽돌로
작은 집 한 채를 짓는다.
자신의 구상을 실현해 본 것이다.

박지원의 바람대로 조선에서 벽돌이
건축 재료로 보편화되지는 않았지만
수원화성을 지을 때 **성첩(城堞)**에 벽돌을 이용한 건
박지원의 그런 노력과
무관하지 않을 것이다.

성첩 ━━━━━
성 위에 낮게 쌓은 담. 몸을 숨기고
적을 감시하거나 공격하는 용도다.

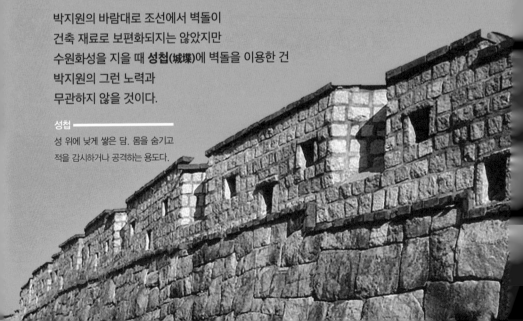

벽돌에 이어 박지원의 심장을 두드린 것이 수레다.
하지만 수레 또한 조선에서는 보편화되지 못했다.
박지원은 그 이유를 이렇게 분석했다.

"조선은 산이 험하고 길이 좁아
수레가 유용하지 않다고 한다.
백성 살림살이가 이처럼 가난한 것은
한마디로 수레가 다니지 않기 때문 아닌가.
수레가 왜 다니지 않는가.
사대부들이 기술을 천시하는 과오를 저질렀기 때문이다."

박지원은 상업 발달은 운송 수단의 발달에서 시작되고,
그 운송 수단 중 하나가 수레라고 보았다.

저 조선이란 나라에서는
벽돌을 안 쓴다지?
이게 얼마나 편한지
모르고 말야.

박지원은 청나라에선 흔히 쓰이는 벽돌, 수레 등을 보며 문화적 충격을 받는다.
그림은 명말 청초에 편찬한 산업기술 백과사전 《천공개물》에 묘사된 벽돌 가마 그림.

"과거를 보지 않겠다"

조선의 대문호 박지원.
젊은 시절 그는 과거를 보지 않겠다고 마음먹는다. 왜 그랬을까?
아버지가 돌아가셨을 때 묏자리 소송이 벌어졌다.
소송에서 이겼지만 남의 원한을 사고 싶지 않아 부친의 유해를 다른 곳에 묻기로 한다.
그런데 패소한 상대방이 폐인을 자처하며 관직에서 물러났다는 말을 듣는다.
'아, 내가 남의 앞날을 막아 버렸구나.'
이때의 자책감 때문에 과거를 보지 않기로 마음먹는다.

그렇다고 해서 박지원이 과거를 한 번도 보지 않은 건 아니다.

서른네 살 때 주위의 권유로 초시에 응시해 장원을 차지한다.
박지원의 답안지를 본 영조는 친히 박지원을 입궐토록 하여 답안을 낭독시켰다.
그 일을 계기로 박지원의 명성은 더욱 높아진다.

조정에서는 다음 시험에서 박지원을 급제시켜 벼슬을 주자고 논의하지만,
이 얘기를 전해 들은 박지원은 과거에 응하기는 했지만 백지를 내고 나온다.
이전의 일이 다시 떠올랐던 것이다.

박지원이 결정적으로 과거를 '과거'로 묻어 버리겠다고 마음먹은 사건이 벌어진다.
친구가 태조와 인조를 모독하는 책을 가지고 있다는 죄목으로 처형을 당한다.

슬픔과 충격에 빠진 박지원은
과거를 보지 않겠다고 맹세한다.
이후 자신과 뜻이 맞는 친구들과
어울려 시를 짓고 학문을 논했으니,
그 모임이 '백탑파'였다.

박지원
천재, 천재!

백탑 주변에서 동지들과 살다

지금의 탑골공원 자리에 원각사라는 절이
있었는데, 그곳에 대리석으로 쌓은 10층 석탑이
있었다. 멀리서 보면 탑이 하얗게 빛나 사람들은
그 탑을 백탑이라 불렀다.

이 백탑 주변에 유득공, 이덕무, 이서구 등이
띄엄띄엄 자리 잡은 채 살았다. 박지원도 거처를
백탑 주변으로 옮긴다. 이들은 박지원 집에 모여
밤새 시를 짓고, 조선의 나아갈 바를 토론한다.
그 모임에 홍대용과 무사 백동수, 박제가가
드나들었다.이들의 관심은 북학!

문예 부흥기

정조 시대에 학문과 시와 문장, 그림 등
문화 예술이 크게 부흥했던 시기를 말한
다. 정조의 학자적 소양과 선진적인 청의
문화 수입이 부흥의 주 배경이다. 이 시
기 서적 출판이 활발해졌고, 겸재 정선의
〈진경산수화〉, 풍속화가 김홍도의 〈씨름〉,
〈서당〉 그리고 신윤복의 〈미인도〉 등의 사
실화풍 그림이 유행했다. 박지원, 이덕무,
박제가 같은 문장가들이 두각을 나타냈다.
조선 시대 문화 예술과 과학 기술이 절정
에 달했던 세종 시대 이후 정조 때에 다시
문화 예술이 융성했다는 의미에서 '부흥
(復興, 돌아와 흥함)'이라고 표현하였다.

백탑 주변에 모여 산다고 하여 이들을 백탑파라 부르고,
북학 사상을 가진 선비들이라 하여 북학파 실학자라고도 하며,
연암 박지원의 학문과 사상을 따른다 하여 연암학파라 부르기도
한다.

북학파는 상업과 공업 발전을 강조했다.
상업을 중시해 이용후생학파 또는 중상학파라고도 한다.
정조 시대를 '**문예 부흥기**'라 하는데,
그 시기를 만들고 이끈 이들이 바로 박지원과 함께한 백탑파였다.

북학파의 선구자 홍대용.
지구는 돌고 있고(지전설), 우주가 무한하다(우주무한론)는
당시로서는 아주 혁명적인 주장을 했다.
이를 근거로 중국이 세상의 중심이라는 것에 의문을 품고,
모든 사람은 평등하다는 생각까지 갖게 된다.
과거제를 폐지하고, 8세 이상의 모든 아동을
차별 없이 교육시켜야 한다는 주장도 펼쳤다.

아버지 박지원

《열하일기》로 박지원의 명성은 더욱 높아졌지만 집안은 늘 가난했다.
이 모습이 딱했던지 정조가 쉰 살의 박지원에게 관직을 하사한다.

안의 현감으로 부임한 박지원은
소송을 엄정히 처리하여 백성의 존경을 받는다.
늦깎이 수령이었지만 꽤 괜찮은 사또였다.

전하도 참, 뭘
이렇게까지, 그나저나
당분간 밥 굶을 일은
없겠구만.

손자 박주수가 그린 박지원 초상화.

당대 최고의 문장가였던 박지원도 자식들에게는 잔소리도
곧잘 하고 섭섭한 속내도 내비치는 보통의 아버지였다.
아들들에게 보낸 편지 내용이다.
'나는 이곳에서 고을 일을 보면서도 짬짬이 글을 짓고 글씨를 쓰는데,
너희는 무엇을 하였느냐. 허송세월하는 것을 보니 얼마나 안타까운지 모른다.
한창 나이에 그러면 나이 들어 장차 어찌하려는 것이냐.'

자상한 모습도 보인다.
'고추장 단지를 하나 보내니 사랑에 두고 먹거라.
이 아비가 손수 담근 것인데 아직 온전히 익지는
않았으니…….'
이런 편지도 보낸다.
'이전에 보낸 쇠고기 장조림 잘 먹고 있느냐.
왜 한번도 좋은지 나쁜지 말이 없느냐.
무심하다, 무심해.'

박규수와 유길준의 화해

박지원은 《열하일기》로 명성을
얻는 동시에 큰 비난도 받는다.
가장 신랄하게 비판한 사람은 역시 당대의 문장가였던
유한준(兪漢雋, 1732~1811).
그는 박지원이 《열하일기》에서
명나라 연호를 쓰지 않고 '오랑캐'인 청의
연호를 썼다며 비난한다.

다른 이유가 있다는 주장도 있다.
박지원이 유한준의 글을 폄하한 적이 있는데
그에 대한 앙갚음이라는 것이다.
하지만 이건 박지원 아들의 말이고,
박지원과 유한준의 관계가 그리 나쁘지 않았다는
최근의 연구도 있어서
백 퍼센트 진실이라 믿기는 어렵다.

두 집안의 악연은 박지원의
손자 박규수 대에서 풀린다.
박규수가 홍문관 대제학일 때 과거시험 장원의 답안지를 보게 된다.
그런데 유한준의 5대손인 유길준의 것이었다.
**박규수는 유길준을 불러 칭찬하며
"선대의 원한을 우리 후손이 풀어
드리자"고 제안한다. 유길준은 수락 후
박규수에게서 개화사상을 배운다.**
훗날 유길준은 미국과 유럽을 돌아보고 와서
《서유견문》을 썼는데,
《열하일기》에 비길 만한 견문록이라는 평가를 받았다.

할아버지의
매운 고추장 덕분에
훌륭하게 자랐습니다.

박규수(1807~1877) ―――――
연암 박지원의 손자. 조선 후기에 개국과
통상(通商, 다른 나라들과 물건을 사고파는
일)을 주장한 개화사상가. 청이 서양 세력
에 무력하게 무너지는 모습을 본 뒤 나라
의 문을 주체적으로 열고 외국과 통상을
하는 것만이 조선이 살길이라고 주장했
다. 1876년 일본과 강화도 조약을 맺을
때 개항을 반대하는 척화파를 물리치고
개항을 하는 데 기여했다. 할아버지 박지
원의 실학사상을 이어받아 김옥균 등의
개화파에게 개화사상을 전파한, 실학과
개화파의 연결고리 역할을 했다는 평가
를 받는다.

북학에서
갑오개혁으로

박지원의 손자 박규수의 집은 조선 후기 개화사상의 산실이었다.
박규수가 관리로 있던 19세기 중반 나라 안팎은 크게 요동친다.
동아시아의 최강국 청이 아편전쟁에 패해 이빨 빠진 호랑이 신세로 전락한다.
조선 해안으로 미국, 영국, 프랑스 함선이 몰려와 대포를 쏘며 통상을 하자고 협박한다.
박규수는 청에 사신으로 갔을 때 무너져 가는 청의 모습과
서양이라는 새로운 지구촌의 강자를 목도한다.
'개항만이 조선이 살길이다.'

박지원의 북학은 손자 박규수의 개화사상으로,
이 개화사상은 김옥균, 박영효를 비롯한
젊은 개화파들에게로 이어진다.

비록 1884년 갑신정변은 실패하지만,
청에 대한 사대를 폐하고, 문벌을 폐지하며, 인재를 고루 등용해야 한다는 등의
혁신안들은 10년 뒤 갑오개혁(동학농민운동 이후 정부가 단행한 개혁)으로
열매를 맺는다.

갑신정변 실패 후 1885년 일본으로 망명한
(왼쪽부터) 박영효, 서광범, 서재필, 김옥균.

조선은 임진왜란과 병자호란을 기점으로 전기와 후기로 나뉜다. 단순히 조선 왕조 500년의 시간을 반으로 뚝 자른 건 아니고, 양란 이후 조선 사회 분위기가 전쟁 전과는 확연히 달라졌기 때문이다.

조선 후기 들어 가장 크게 달라진 점은 통치 원리로 삼았던 성리학에 대한 생각이다. 두 번의 전쟁을 겪고 난 백성들은 양반들이 그렇게 강조하던 성리학이 나라를 온전히 지켜 주지 못한다는 사실을 알아차렸다. 또한 전쟁이 끝난 이후 양반 사대부들이 반성은커녕 여전히 공허한 탁상공론만 일삼으며 성리학적 신분 질서를 강화하려는 데 크게 실망했다.

하지만 모든 양반이 그랬던 건 아니다. 백성들만큼 성리학에 실망한 양반들이 있었고, 그들 속에서 싹튼 것이 바로 실학이다.

실학은 왜 생겼을까

실학[*]은 백성의 삶에 실질적인 도움이 되는 학문 혹은 사상이다. 일제 강점기 국학자들은 민족운동의 일환으로 조선 후기 학자인 정약용의 사상을 연구하면서 정약용 이전의 학자들, 이를테면 유형원과 이익 같은 개혁사상가들도 함께 연구했다. 그리고 이들 조선 후기 개혁사상가들을 실학자라 정의했다.

조선 후기에 실학이 나온 이유는 무엇일까. 양란 후 사회 구조가 변하고, 성리학에 대한 믿음이 흔들렸으며, 서양의 과학 기술과 천주교 등 서학이 전래된 것이 주요 배경일 것이다.

먼저 사회 구조의 변화를 보면, 17세기 이후 대토지 소유주가 늘어나면서 소작농도 늘어났다. 토지를 잃은 농민들은 먹고살기가 더 어려웠다. 신분제도 흔들렸다. 몰락한 양반이 생겨나고, 부자가 되어 노비에서 해방된 사람들도 생겨났다. 한편에선 상품화폐 경제와 상업이 발달하기 시작했다.

또한 조선은 개국 이래 수백 년간 성리학을 국가 경영과 통치 이념으로 삼아 왔는데, 양란을 겪으면서 백성들은

실학 ━━━
실학 하면 조선 후기 개혁적인 사상을 먼저 떠올리지만 이 말이 쓰이기 시작한 건 조선왕조 개국 무렵부터. 정도전은 불교와 도교 등의 사상과 종교를 비판하며 주자 성리학이 실학이라고 강조했다. 하지만 홍대용과 박지원 등 조선 후기 학자들이 쓴 실학은 이 개념과 다르다. 이들은 불교, 성리학 등과 다른 학문 체계를 제시하며 실학이라는 용어를 사용했다.

성리학이 현실과 많이 동떨어져 변화하는 시대 흐름을 따라잡지 못한다는 걸 피부로 느낀다. 특히 실학자들은 공허한 주자 성리학을 비판적으로 재검토하기 시작했고, 일상생활과 밀접하고 현실 문제를 해결할 수 있는 학문을 만들어 나갔다. 그 결과 토지 제도 개혁, 신분 제도 철폐 같은 획기적인 주장을 할 수 있었다.

여기에 청에 다녀온 이들이 서양의 과학 기술을 들여오고, 천주교 등 서학의 영향을 받으면서 실학은 활기를 띤다.

왕도 정치가 목표

실학자들은 조선 사회를 개혁해 왕도 정치를 실현하고자 했다. 그러려면 가장 중요한 것이 백성들이 경제적으로 안정되어야 한다고 여겼다. 이를 위해 정치·경제·사회 제도 전반에 걸쳐 문제를 진단하고 어떻게 개혁해 나갈 것인지 구상을 밝히기 시작했다.

실학자라고 해서 다 같은 실학자는 아니었다. 나라를 부강하게 하고 백성들 삶을 편안하게 해야 한다는 목표는 같았지만, 개혁 우선순위에 따라 경세치용학파(중농학파)와 이용후생학파(중상학파)로 나뉜다.

경세치용학파(중농학파)는, 학문은 세상을 다스리는 데에 실질적인 이익을 주어야 한다며 토지 제도 개혁과 농민 생활 안정을 중시

문장 개혁가 _ 박지원

했다. 유형원, 이익, 정약용이 대표적인 인물이다.

이용후생학파(중상학파)는 청나라의 앞선 문물 제도 및 생활 양식을 받아들일 것을 주장한 학파로, 특히 상공업의 진흥과 기술의 혁신에 관심을 쏟았다. 홍대용, 박지원, 박제가가 대표적인 인물이다.

그렇다고 해서 중상학파가 농업 문제를 도외시한 건 아니다. 이들도 농업이 잘돼야 유통이 발전하고 그 결과 상업도 발전할 수 있다는 걸 깨달아 토지 제도 개혁에 관심을 기울였다. 마찬가지로 중농학파도 농업 문제에만 관심을 국한하지 않고 서양의 과학 기술을 활용하는 것에도 관심을 가졌다.

농업이냐 상업이냐

중농학파가 가장 큰 관심을 기울였던 토지 제도 개혁은 구체적으로 어떤 것일까. 실학의 선구자로 불리는 유형원은 《반계수록》에서 균전제를 주장했다. 균전제는 토지를 국유화하고 신분에 따라 차등 지급하여 농사를 짓게 하자는 것이다. 유형원의 뒤를 이은 이익은 한전론(限田論)을 주장했다. 한전론은 토지의 소유를 일정하게 제한하는 제도로, 한 가정이 먹고살 만한 토지인 영업전을 주고 그 토지로 생활하게 하되, 영업전은 매매할 수 없도록 하고 영업전 이외의 토지는 매매할 수 있도록 하자는 토지 개혁론이다.

양란 이후 백성들이 술렁이고 있는데도 대다수 양반은 이를 감지하지 못했다. 하지만 실학자들은
토지 제도를 비롯해 사회를 바꾸려 했다. 이들의 문제의식은 조선 말 개화사상으로 이어진다.
그림은 한가로이 투호를 즐기는 양반들. 작자 미상.

이익의 사상은 정약용으로 이어졌다. 정약용은 그동안의 실학 성과물을 집대성한다. 토지 제도로는 처음에 여전론을 주장했다가 나중에 정전제를 주장한다. 여전론(閭田論)이란 토지를 국유화한 다음 '여'라는 공동 농장을 만들어 농민들이 함께 농사를 지어 분배하자는 주장이다. 이때 분배는 똑같이 나누는 것이 아니라 노동량을 조사하여 그 노동량만큼 분배하는 것이다.

대표적인 중상학파인 박제가(1750~1805)는 수레와 선박을 이용해야 하고, 무엇보다 나라의 문을 열고 적극적으로 통상을 해야 한다고 주장했다. 그는 북경에 다녀온 뒤《북학의》를 썼는데, 이 책에서 '소비는 우물이다'*며 특히 소비를 강조했다.

개화사상으로 이어지다

실학자들은 바라던 대로 개혁을 이루었을까? 또한 그들의 학문과 사상이 조선에 미친 영향은 무엇일까? 긍정론과 부정론이 동시에 존재한다.

긍정론자들은 실학자들이 조선 후기 사회 발전을 이끌었고 민생 안정에 기여했다고 평한다. 특히 북학파의 무역과 통상을 중요시한 주장이 개화사상에 영향을 끼쳤다고 주장한다. 반면 부정론자들은 실학이 본격적인 개혁 이념으로서의 역할을 하지 못했다고 지적한다. 그리고 그 이유를 실학자들이 정책을 이끌어 갈 만한 높은 자리에 있지 않은 데다 조정에 상소하거나 실학사상을 사회 공론으로 만드는 등 적극적인 활동을 하지 않은 데서 찾는다.

소비는 우물이다 ■■■■■■
박제가는 소비를 우물에 비유했다. 우물을 자꾸 퍼내야 깨끗한 물이 더 많이 차듯이, 소비를 늘려야 생산이 늘어나고 상업도 발달한다고 주장했다.

하지만 비록 실학자들이 실질적인 개혁을 이루어 내지는 못했더라도 이들의 개혁사상이 개화사상가들에게 이어져 조선을 발전시키는 데 기여했다는 사실은 부인하기 어렵다.

조선 후기 실학자들이 21세기 대한민국에 온다면 무엇을 가장 큰 병폐로 진단할까. 경제를 발전시키고 국민의 삶을 안정시키기 위해 어떤 해답을 내놓을까. 최저임금을 더 올려 주어야 한다고 할까, 깎아야 한다고 할까. 노동 시간을 더 늘려야 한다고 할까, 줄여야 한다고 할까. 부자들에게 세금을 더 걷어야 한다고 할까, 덜 내게 해야 한다고 할까. 선별적인 복지정책을 펴야 한다고 할까, 보편적인 복지정책을 펼쳐야 한다고 할까. 학력 차별을 강화해야 한다고 할까, 철폐해야 한다고 할까. 북한과는 친하게 지내야 한다고 할까, 아니면 적대적으로 지내야 한다고 할까. 천하의 박지원, 정약용이 온대도 쉽게 해답을 제시하기는 어려울 것 같다.

사람은
모두 평등한
존재요

평등사상을 설파한

최제우

"일부 가문이 정치를 좌지우지하고. 지방
수령들은 제 잇속만 차리느라 백성의 고혈을
쥐어짜 백성의 고통이 이만저만이 아니었소.
(…) 나는 누천년을 이어 온 유교와 불교의
도로는 이 어지러운 세상을 구하지 못할 거라
깨달았소. 그래서 세상을 구할 바른 도를
구해야겠다고 생각한 것이오."

위원장　드디어 마지막 인물을 살펴볼 차례군요. 마지막 인물은 누구군가요?

위원　최제우입니다.

위원장　최제우요? 최제우라면 지금 우리가 밥도 못 먹고 개혁가 선정 청문회를 하게 만든 장본인 아니오?

위원　그렇습니다. 최제우가 창시한 동학을 믿는 농민들이 올봄 봉기해서 조정을 당황케 했지요. 그래서 원망하실 수 있으나 한편으로 생각하면 고마운 존재가 아닐는지요.

위원장　허허, 고마운 존재라니요. 지금 누구 때문에 온 나라가 난리고, 누구 때문에 청일 군대가 들어와 우리 임금과 조정을 위협하는데, 그런 말을 하시오.

위원　물론 그리 생각하실 수도 있겠으나 청일 양국 군대를 불러들인 건 임금과 왕비이지 최제우가 아닙니다. 최제우 덕분에 사람이 어떤 존재인지 생각하고, 또 조선을 어떻게 개혁해야 할지 우리가 머리를 맞대게 되었으니 도리어 고마운 존재라 아니할 수 없지요.

위원장 그래도 그렇지, 그래 최제우가 어찌하여 조선 최고의 개혁가라 할 만하며, 그가 내세우는 개혁이란 게 대체 무엇이오?

위원 정여립부터 박지원까지 지금 살펴본 개혁가들은 단지 제도를 고친다, 만인은 평등하다 하였지만 새로운 사상을 창시한 이는 없었습니다. 최제우는 그들과 달리 동학이라는 새로운 사상과 종교를 만들어 이 세상을 완전히 다른 세상으로 만들려는 노력을 기울였습니다.

위원장 그가 만든 새로운 사상과 종교라는 게 무엇이오?

위원 하늘 아래 사람은 누구나 평등하다는 사상입니다. 누구나 한울님을 받들면 군자도 되고 성인도 된다는 생각이지요. 그가 창시한 동학은 사람에 관한 철학인 동시에 시대를 변혁할 사상이기도 합니다. 또한 오늘날 우리를 위협하는 외세에 맞서 싸울 근거와 용기를 주지요.

위원장 마지막 인물도 역시 혹세무민으로 나라를 어지럽힌 역적을 들고나온 것이 심히 유감이긴 하나 이왕 준비를 하셨으니 어디 한번 들어나 봅시다.

위원 최제우(1824~1864)는 동학을 창시한 교주입니다. 젊은 시절 세상을 돌아다니던 중 지배층의 부정과 부패, 그로 인해 고통받는 민중의 참상을 목격하고 세상을 구하기 위해 동학을 창시했지요.

마침 그의 심문 기록을 확보했습니다. 지금부터 그 장면을 재현해 드리겠습니다. 이것을 보시면 최제우가 말하려는 것이 무엇이고, 조선을 어떻게 새롭게 만들려 했는지를 이해하실 수 있을 겁니다. 지금으로부터 30년 전 이야기입니다.

몰락한 양반가의 늦둥이

"지금부터 심문을 시작하겠다. 성명과 나이, 사는 곳을 말하라."

이름은 최제우이고, 나이는 41세, 사는 곳은 경주 가정리 용담정이오.

"죄인은 어찌하여 잘못된 도를 설파하여 세상 풍속을 어지럽혔는가?"

동학은 잘못된 도가 아니며, 세상 풍속을 어지럽히지도 않았소. 사람들이 한울님의 가르침을 외면 마음이 밝아지고, 아이들이 도를 따르면 총명해지지요.

"도를 외운다고 해서 마음이 밝아지고 총명해진다는 게 말이 되

민중미술 화가 오윤의 〈칼노래〉. 최제우가 19세기 조선에 닥친 국내외 어려운 상황을 한칼에 잘라 버리는 것을 표현했다고 한다.

는가. 그건 그렇고, 어찌하여 동학교도들을 모아 칼춤을 추어 반란을 일으키려 하였는가?"

검무는 동학의 수행 방식 가운데 하나일 뿐, 사람들을 모아 난을 일으키려 한 적이 없소.

"내 그 말을 믿을 것 같은가. 그대는 어린 시절부터 역적이 될 인상이라는 소리를 들었다고 하던데."

맞소. 어려서부터 그런 소리를 들었소. 그러나 난 개의치 않고 '그래 난 역적이 될 테니 너희는 착한 백성이 되라' 하고 말해 주었소. 그렇다고 해서 지금 나를 역적이라고 하는 건 잘못된 것이오.

"좋다. 내 너의 말을 다 듣고 싶은 마음은 없으나 빨리 심문을 마치고 판결문을 작성해야 하니 부득이 이야기를 들을 수밖에 없다. 시간이 없으니 어쩌다가 세상을 어지럽히는 동학을 만들게 됐는지부터 간단히 진술하도록 하라."

나는 아버지가 환갑이 넘은 나이에 낳은 늦둥이오. 게다가 아들이었으니 온 집안의 사랑을 받고 자랐소이다. 우리 집안은 본래 양반가였으나 몇 대째 벼슬을 못해 몰락한 양반이나 다름없었소.

아버지는 집안을 일으키고자 수차례 과거를 보았으나 번번이 낙방했소. 이유는 그대도 알다시피 세력 있는 집안의 자제들을 미리 합격시켜 놓는 등 과거시험에서 온갖 부정행위가 있었기 때문이오. 실망한 아버지는 과거를 포기하고, 낙향해 서당을 차려 아이들 가

평등사상을 설파한 _ 최제우

르치는 것을 낙으로 삼았소. 아버지는 내가 아버지의 꿈을 이루어 주기를 기대해서 나에게 공자와 맹자의 학문을 가르치셨지요. 하지만 그건 아버지의 순진한 바람이었소.

어머니는 재혼이었소. 지금 조선에서 재가한 여인의 자식이 어떤 차별을 받는지 알 것이오. 재가한 여인의 자식은 서자 취급을 받아 과거를 보지 못하고 양반들로부터 손가락질을 받지 않소. 내 처지가 그랬소. 그건 어린 시절 내가 부딪힌 첫 번째 벽이었소.

"그러니까 과거를 보지 못한 처지를 비관해 사람들을 모아 난을 일으키려 했다는 것이로군."

그렇지 않소. 자꾸 난을 일으키려 했다 하는데, 다시 말하지만 나는 난을 일으키려 한 적이 없소.

"그럼 어찌하여 세상을 어지럽히는 도를 구할 생각을 하였는가?"

세상을 걱정하던 선비에서
종교 창시자의 길로

열 살 때 어머니가 돌아가시고, 열일곱 살 때 아버지가 세상을 떠나셨소. 아버지만 의지해 살던 내겐 하늘이 무너지는 충격이자 아픔이었소. 비록 서자 취급을 받는 몸이었지만 명색이 양반가에서 태어나 자란 탓에 농사도 지을 줄 모르고 오로지 글 읽는 것 말고는 할 줄 아는 게 없었소. 그때 이미 난 혼인을 한 후라 먹고사는 게 막막했소. 내 신세가 참 가련하단 생각이 들었소. 하지만 아버지가 돌아가신 후에는 마음을 정하고 세상에 나가 보기로 했소. 무명천 같은 옷감을 팔면서 10년 동안 세상을 떠돌아다녔소. 그러는 동안 나는 잘못돼도 한참 잘못된 세상을 보았소.

세도 정치라 하여 권력을 가진 일부 가문이 정치를 좌지우지하고, 지방 수령들은 제 잇속만 차리느라 백성의 고혈을 쥐어짜 백성의 고통이 이만저만이 아니었소. 위아래 할 것 없이 탐욕에 지배당하고 윤리는 땅에 떨어진 세상. 이런 세상에서 민중은 지푸라기라도 잡는 심정으로 미신에 의지해 살아가고 있었소. 세상의 질서가 무너져 가는 걸 목도했소. 이런 와중에 서양 세력이 우리나라에 들어와 서학이라 부르는 천주교를 포교하니, 그야말로 말세 직전이 아닌가 싶었소. 그 모습을 보면서 나는 누천년을 이어 온 유교의 도와 불교의 도로는 이 어지러운 세상을 구하지 못할 거라 깨달았소. 그래서 세상을 구할 바른 도를 구해야겠다고 생각한 것이오.

"세상을 구할 바른 도라? 몰락한 양반가의 서자 주제에 네가 감히 그런 생각을 품었단 말이냐. 세상이 아무리 어지럽다 한들 누구

나 다 너처럼 하지는 않는다."

사람은 누구나 처지가 다르고 생각이 다른 법이오. 남들이 그런 생각을 하지 않았다 하여 나도 그래야 한다는 법은 없소.

"시끄럽다. 시간이 없으니 어서 동학을 만든 경위나 말하거라. 10년 동안 떠돌다 어디서 도를 구했단 말이냐?"

10년 동안 세상을 떠돌아다니다 처가가 있는 울산에 살 때였소. 1855년 어느 봄날, 꿈인지 생신지 모를 지경에 웬 노승이 집에 찾아왔소. 노승은 자기가 얻은 책 한 권을 내놓으며 뜻을 알 수 있겠는지 물었소. 며칠을 읽다가 그 뜻을 알게 되었소. 그러자 노승은 "누구도 그 뜻을 알지 못했는데, 선생이 뜻을 아셨으니 선생의 책"이라며 그 책을 내게 주었소. 그 책엔 오묘한 하늘의 이치가 담겨 있었소. 그 이상한 노승에게서 책을 받은 체험을 한 뒤 나는 깨달았소. '도를 세상 밖에서 구하지 말고 내 안에서 구하자!'고 말이오. 그날 이후 세상을 걱정하는 선비에서 종교 창시자의 길을 걷기 시작한 것이오.

"꿈인지 생시인지 모르는 때에 노승이 준 책 한 권 때문에 동학을 만들었다고? 이 무슨 귀신 씻나락 까먹는 소리냐!"

동학을 창시한 건 몇 년 뒤의 일이오. 울산에서 신비한 체험을 한 뒤 경주 집으로 돌아와 기도와 수련으로 도를 구하고 있었소. 그러다 조카의 생일잔치에 갔는데 갑자기 정신을 잃고 쓰러졌소. 겨우

평등사상을 설파한 _ 최제우

정신을 차려 집에 돌아왔지만 몹시 춥고 떨리고 정신마저 혼미해졌소. 그런 가운데 나를 부르는 소리를 들었소. 한울님의 목소리였소. 첫 말씀이 '내 마음이 곧 네 마음'이라는 것이었소. 오심즉여심(吾心即汝心)이라 하오.

"하, 이번에는 책이 아니라 한울님의 목소리를 들었다?"

그렇소. 분명히 들었소. 내 마음이 곧 네 마음이라는 말씀을 말이오. 그리고 깨달았소. '한울님은 초월적인 공간에 있는 게 아니라 바로 내 안에 모셔 있다!' 이것을 시천주(侍天主)라고 하오. 이어 한울님께서 내게 가르침을 내리셨소. 한울님을 각자의 마음에 모시고 한울님의 뜻에 따라 살라는 가르침이었소.

서학은 침략을 위한 종교

"점점 이상한 소리를 하는구나. 그래 한울님을 모시고 살면 뭐가 달라진단 말이냐?"

지금 세상이 이처럼 어지러운 건 공경할 만한 믿음의 대상이 없기 때문이오. 한울님을 내 안에 받들어 모시면 양반이든 상민이든, 노비든 천민이든 누구나 한울님처럼 되어 올바른 인간성을 회복하고, 어지러운 세상의 도리가 자연히 바로잡히게 될 것이오.

"좋다, 시간이 없으니 간단히 몇 가지만 묻겠다. 이름을 동학이라 한 건 천주교인 서학에 맞서 그런 것이라던데, 맞느냐?"

그런 것은 아니고, 내가 태어난 조선을 예부터 동국(東國)이라 했고, 도를 받은 곳이 동쪽이니 동학이라 한 것이오.

"내가 볼 때 동학이든 서학이든 세상을 어지럽히는 것은 마찬가지인데, 서학에 대해선 어찌 생각하느냐?"

서양인들은 천주의 뜻이라 하여 부귀를 취하지 않는다고 하면서도 다른 나라를 공격하고 있소. 얼마 전 영국과 프랑스 연합군이 청나라 수도 북경을 침략하지 않았소? 바로 이들이 들여온 것이 서학인데, 서학은 침략을 위한 종교일 뿐이오. 게다가 제 부모가 죽으면 제사도 안 지내면서 저는 죽어 천당에 가게 해 달라고 기도하는 이기적인 종교요. 동학은 인간의 이기심이 세상을 타락시키는 근본 원인이라 보고 이기심을 버리라고 가르치고 있소.

"알았다, 서학은 그렇다 치고, 유교와 불교, 도교 중 어느 가르침이 더 깊다고 생각하느냐?"

죽은 사자와 죽은 개 중 어느 것이 더 무섭소?

"지금 신성한 공자, 석가, 노자의 도를 개에 비유해서 말하는 것이냐! 네가 어찌 감히…."

사자가 개보다 훨씬 무섭지만 죽은 사자는 죽은 개나 마찬가지요. 죽은 사상, 죽은 이념, 죽은 종교는 아무런 가치가 없소. 지금 조

평등사상을 설파한 _ 최제우

선에서 유교, 불교, 도교는 죽은 사자와 같소.

"죄인을 빨리 척결하라는 조정의 명이 내려와 최종 판결을 내린다. 최제우는 세상을 구하겠다는 되잖은 생각으로 이상한 종교를 만들어 세상을 어지럽혔으니, 그것이 첫 번째 죄요, 잘못된 도를 가지고 바른 유교의 도를 어지럽힌 것이 두 번째 죄이다. 세상 사람들을 속여 정신을 홀리고 세상을 어지럽힌 혹세무민한 것이 세 번째 죄요, 교도들을 모아 칼춤을 연마하며 반란을 모의한 것이 네 번째 죄이다. 이상의 죄들로 1864년 3월 동학 교주 최제우에게 참형을 명한다. 마지막으로 할 말이 있으면 하라."

나는 한울님의 명을 받아 어지러운 세상을 구하려다 처형을 당하게 되었소. 동학의 도가 나에게서 나왔으니 어찌 이를 피하겠소. 겨울이 가고 봄이 오면 온 산에 꽃들이 흐드러지게 피어나듯이, 내가 죽는다 하더라도 밝고 맑은 세상을 열어 갈 동학의 이치는 사라지지 않고 꽃처럼 피어날 것이오.

위원장 이게 답니까?

위원 그렇습니다.

위원장 짧고 굵구려. 한데 최제우를 조선 최고의 개혁가로 추천한 이유가 무엇이오?

위원 동학이라는 종교이자 개혁사상을 창시하였고, 동학을 믿는 사람들이 올해 부정부패와 외세에 맞서 조선을 개혁하려는 운동을 일으킨 까닭이지요.

위원장 그래요? 알겠소. 수고하셨어요. 최제우가 어떤 배경에서 그런 생각을 하고 실천을 하게 됐는지 일단 더 들어 봅시다.

우리 종교를 창시하다

이 사람이 궁금하다!

우리 역사 5천 년간 수많은 종교가 수입되었다.
그런데 그 종교들은 본모습과 다르게 변형되었다.
역사가 신채호는 이 점을 날카롭게 비판했다.

"우리 조선은 석가(불교)가 들어오면 조선의 석가가 되지
않고 석가의 조선이 되며, 공자(유교)가 들어오면 조선의
공자가 되지 않고 공자의 조선이 되며, 무슨 주의(이념)가
들어와도 조선의 주의가 되지 않고 주의의 조선이 된다.
그리하여 도덕과 주의를 위하여 조선은 있고, 조선을
위하는 도덕과 주의는 없다. 아, 이것이 조선의 특색이냐.
특색이라면 특색이나 노예의 특색이다."
–1925년《동아일보》에 실린 칼럼 〈낭객(浪客)의 신년만필(新年漫筆)〉에서

한마디로 외래 종교를 주체적으로 수용하지 못한다는 지적이다.
이런 가운데 최제우는 유불선을 포용하여
우리만의 종교를 창시했다.
동학의 핵심 사상은 한울님을 내 안에 모시고
서로 사랑하며 살자는 것.
또한 양반/상놈,
적자/서자, 남자/여자, 어른/아이
차별 없는 평등 세상을 만들자는 것이다.

구한말 조선은 안팎으로 혼란스러웠다.
그로 인해 백성들 삶은 더 힘겨웠다. 동학은 백성들이
현실을 바로 보고 세상을 바꿔야겠다는 생각을 갖게 했다.

인간은 모두 평등하다

기독교의 '하늘에 계신 우리 아버지'나
불교의 '나무아미타불 관세음보살'처럼
모든 종교에는 기도문이 있다.
최제우도 동학을 전도하면서 교도들에게 주문을 정성스레 외라고 가르쳤다.

시천주(侍天主, 내 안에 한울님을 모시면)
조화정(造化定, 그 놀라운 조화가 저절로 체득되고)
영세불망(永世不忘, 한울님을 길이 잊지 않으면)
만사지(萬事知, 모든 것을 저절로 깨닫는다)

동학교도들은 이 주문을 소리 내어 외웠고,
갑오년의 농민군들도
이 주문을 소리 높여 외며 두려움을 떨쳐 냈다.

주문의 핵심은 시천주,
즉 한울님을 내 안에 모시는 것이다.
한울님, 즉 하느님을 내 안에 모시면
신분과 상관없이 모든 사람은 소중하고 평등한 존재가 되며
서로 사랑하게 된다는 것이다.

동학 1대 교주인 최제우는 모든 인간 안에 신성이 있고,
그 때문에 인간은 모두 평등하다고 설파했다.
그는 항상 겸손했고 나이가 많든 적든 상관없이
사람들을 공경했다고 한다. 그것이야말로 동학에서
가장 중요시하는 가르침이었기 때문이다.

10년간 전국을 떠돌며 깨달은 것

최제우는 신라 말 학자이자 명문장가인 최치원의 후손이다.
대한제국이 일제에 강제로 병합되자 절명시를 짓고 자결한 황현은
《매천야록》에서 최제우의 출생에 관해 이렇게 언급한다.

"최치원이 유언하길 나의 25대 후손 가운데 성자가 나올
것이라 했는데,
수운 최제우가 바로 그 유언에 해당한다."

열일곱 살 때 아버지가 돌아가신 후
최제우는 집안 생계를 책임지기 위해 10년 동안
전국을 돌아다니며 장사를 했다.
그러면서 무너져 가는 조선을 목도한다.

러일전쟁 당시 발간된 엽서

구한말은 격변기였어요.
조선은 안팎으로 뒤흔들렸죠.
밖에선 일본, 러시아 등 열강이
조선을 집어삼킬 기회만
엿보고 있었어요.

뒤숭숭한 세상에서
동학에 의지한 백성

최제우는 고뇌 끝에 백성을 구할 도를 얻기 위해
산속으로 들어가 기도에 전념한다.
그리고 어느 날 큰 깨달음을 얻는다.
그렇게 얻은 도가 바로 동학이다.

1860년 동학이라는 종교를 선포하자
경주 인근에서 그에 관한 소문이 퍼지기 시작한다.

교주님
말씀 듣고
힐링하세요~

"용담에 진인이 나타났대."

**"수운 최제우 선생님이 하늘에서
계시를 받고 세상을 구할 가르침을
펴고 계신대."**

수많은 이가 가르침을 받기 위해 몰려들었다.
훗날 최제우의 양녀가 된 여종이 전한 당시의 풍경이다.

사람들이 얼마나 찾아오는지,
그 사람들이 예물로 곶감을 가져왔는데,
아버지가 계신 용담정 부근에 버려진 곶감 꽂이만
집어 가도 땔감이 될 수 있을 정도였다.
-《수운 최제우 평전》(두레)에서

동학의 무엇이 그토록 사람들의 마음을 사로잡은 것일까.
동학에 입교해 '애기 접주'로 이름을 떨쳤던 김구는 훗날 이렇게 회상했다.

"양반, 상민 차별 없는
동학의 평등주의가 마음에 들었다.
이씨 왕조가 운이 다하고
새 나라를 세워야 한다는 말이
내 마음을 사로잡았다."

점차 양반들도 용담정으로 몰려든다.
썩어 빠진 **세도 정치(勢道 政治)**에 반감을 품은
양반들이었다.
반면 성리학에 푹 빠져 있는
　　대다수 양반은 동학을
　　　　세상을 현혹하고 백성을 속이는
　　　　이단이라며 비판한다.

세도 정치 ━━━━━━

소수의 가문이 권력을 독점한 정치. 조선 말 순조·헌
종·철종의 3대 60여 년 동안 왕의 외척인 안동 김
씨, 풍양 조씨 가문이 조정을 장악한 것이 대표적인
예다. 삼정이 문란해지는 등 부정부패가 극심해져 곳
곳에서 민란이 속출하는 원인이 되었다.

평등,
당시엔 세상을
뒤흔든 단어죠~

젊은 시절 동학교도였던 김구

피신을 거부한 최제우

죽어서 가는 극락이나 천당이 아니라
신분 차별 없는 평등한 세상을
지금 이곳에서 구현하려던
최제우의 운명은
어떻게 되었을까.

대다수 양반은 동학을 이단으로 규정하고 조정에
최제우를 처단해 달라고 상소한다. 신분 제도를
목숨처럼 여기는 그들에게 최제우는 정여립, 허균보다
더 위험한 존재였다.

곧 최제우 수배령이 떨어진다.
도피 중에도 계속 포교를 하던 최제우는 1862년 체포된다.
수많은 동학교도가 최제우의 석방을 촉구하며 시위를 벌였다.
두려움을 느낀 경주 부윤은 최제우를 일주일 만에 석방한다.

양반들은 다시 상소를 올린다.
"동학은 서학보다 더 나쁜 동방의 불량배입니다.
다시는 햇빛을 못 보게
동학의 뿌리를 완전히 뽑아 버려야 합니다."

최후를 예감한 최제우는
1863년 수제자인 최시형에게
도통(道統)을 전수한다.

동학의 발상지이자 최제우가 체포 직전까지 머물렀던
용담정이 있는 용담성지. 용담정은 7평 남짓의
아담한 단층 목조 건물이다. 용담성지에는 대구에서
처형당한 최제우의 유해가 안치돼 있다.

11월 다시 체포령이 내려진다.
제자들은 피신을 애원했지만
최제우는 거부한다.
"동학의 도가 나에게서 나왔으니
내가 당해야 한다.
어찌 제군들에게
화를 미치게 하겠는가."

용담정에 있던 최제우는
한밤중에 기습당해
피투성이가 된 채 다시
경주 감영으로 끌려간다.

모든 인간은
평등하다

여러분,
이 사실을
잊지 마세요!

龍潭橋

동학은 의병을 낳고,
의병은 독립투사를 낳고

판결을 받기 위해 서울로 압송되는 최제우.
과천에 이르렀을 때 철종이 세상을 떠나자 대구 감영으로 이송된다.
최제우에게 사형을 선고한다.
**죄목은 성리학을 어지럽힌 죄,
어리석은 백성을 속이고
세상을 현혹한 죄였다.**

최시형

손병희

몸을 피한 2대 교주 최시형은
전국을 돌면서 동학을 전파한다.
동학 경전《동경대전》을 집필했고, 스승의 전기도 펴낸다.

**조정의 탄압에도
동학은 민중 사이에서 뿌리를 내린다.
그리고 1894년 고부에서
동학농민운동으로 꽃을 피운다.**

최시형과 손병희

최제우에게 도통을 이어받은 최시형(1827~1898)은 활발하게 포교 활동을 벌여 교세를 크게 넓혔다. 이런 힘을 바탕으로 교주 최제우의 억울함을 풀어 달라는 신원 운동을 펼치기도 했다. 1894년 동학농민운동이 일어난 몇 해 뒤 체포되어 1898년 교수형을 당했다. 최시형에게 사형 선고를 내린 재판관 중 한 명이 동학농민운동의 원인이 된 조병갑이었다! 최시형은 죽기 전 도통을 제자 손병희(1861~1922)에게 넘겨주었다. 손병희는 동학농민운동 때 전봉준과 합세해 관군에 맞섰다. 이후 동학 이름을 천도교로 바꾸었으며, 3·1운동 때 민족대표 33인 가운데 천도교 대표로 참여했다. 조선을 개혁하려 했던 동학의 정신이 독립운동 정신으로 이어진 것이다.

조선 사회 더 깊이 알기
세도 정치와 동학농민운동

정조가 죽은 1800년 이후 세도 정치가 시작되었다. 정조 사후 순조의 외척인 안동 김씨 세력이 요직을 독차지하고 나랏일을 좌지우지했다. 세도 정치는 헌종과 철종을 거쳐 흥선대원군이 권력을 쥔 1863년 전까지 이어졌다.

권력을 쥔 세도가들은 돈을 받고 관직을 팔았다. 이를 매관매직이라고 한다. 돈으로 관직을 산 지방 수령들은 쓴 돈을 만회하기 위해 농민들을 수탈했다. 이렇듯 관직을 탐하고 잘못된 정치를 하는 관리를 '탐관오리'라고 한다.

참다못해 들고일어난 민중

탐관오리들의 수탈 때문에 백성은 정말 죽을 맛이었다. 앞부분에서도 말했듯이 특히 삼정의 문란으로 큰 고통을 겪었다. 참다못한 농민들이 여기저기서 봉기를 일으켰다. 1811년 평안도에 사는 홍경래는 세도 정치를 규탄하고 서북 지역 차별* 철폐를 외치며 양반을 비롯해 농민, 상인, 광부 등을 모아 들고일어났다. 봉기는 반년이 안 돼 진압되고, 주동자 홍경래는 총에 맞아 죽었다. 1862년에는 임술민란이 일어났다. 당시 농민들은 조정의 말을 믿고 해산했다가 관군에 진압되고 말았다. 임술민란이 일어난 2년 뒤 최제우가 처형되었다.

홍선 대원군이 집권하면서 세도 정치는 끝났지만, 대원군이 쫓겨난 뒤 권력이 고종의 왕비인 명성황후에게 넘어가면서 민씨 세력이 세도 정치에 버금가는 부정부패를 저질렀다. 이런 상황에서 1894년 고부에서 동학농민운동이 일어났다.

서북 지역 차별 ▬▬▬▬▬▬▬▬▬▬▬▬▬▬▬▬▬▬▬▬▬▬▬▬▬▬▬▬▬▬▬▬

서북 지역은 평안도, 황해도, 함경도 지역을 이른다. 이성계가 함경도 출신이고 그의 지지 세력 역시 대부분 함경도 출신이어서 개국 당시에는 이 지역 사람들이 대접을 받았다. 하지만 왕자의 난을 비롯한 여러 사건을 거치면서 태조 이성계를 지지하던 세력들이 제거되어 갔고, 세조 시절 이시애의 난 등이 일어나자 함경도는 반란의 땅으로 낙인찍혔다. 북방 지역 사람들은 기질이 사나워 반역할 가능성이 높다는 편견이 굳어지면서 나중에는 평안도, 황해도 지역까지 차별을 받는다. 이런 서북인에 대한 차별은 홍경래의 난 등 민중 봉기를 불러일으켰다.

동학농민운동은 왜 일어났을까

동학농민운동의 원인이 된 사람은 앞에서 말했듯이 고부 군수 조병갑이었다. 그는 1892년 고부 군수에 부임했는데 학정과 수탈을 일삼았다. 수탈 방법이 자못 창의적이라 할 정도였다. 세금을 면제해 주겠다며 황무지를 개간시켜 놓고는 말을 바꿔 세금을 징수했다. 불효, 음행, 잡기 등을 했다며 재물을 강탈했다. 또 자기 아버지 공덕비를 세운다며 주민들에게서 돈을 강제로 거둬들였다. 만석보라는 저수지의 물을 사용하는 데 따른 수세, 즉 물 사용료를 무겁게 매겼다. 심지어 만석보가 멀쩡히 있는데 새로운 보를 만들어 세금을 징수했다. 농민들은 더는 참고 있을 수만은 없었다. 관에 가서 억울함을 호소했다. 하지만 조병갑은 아랑곳하지 않았다. 전봉준을 중심으로 한 동학 접주(接主, 동학 교단 조직인 접의 지도자)들은 사발통문(沙鉢通文)*을 만들어 봉기에 나서기로 결의했다.

　1894년 2월 마침내 동학 농민들이 관아를 습격했다. 이미 조병갑은 도망치고 없었다. 전봉준은 농민 수탈에 손발 노릇을 하던 아전들을 혼내 주고, 곡식 창고를 열어 농민들에게 곡식을 되돌려 주었다. 이 사건을 보고받은 정부는 새 군수를 임명하는 한편,

사발통문
주모자가 누구인지 드러나지 않게 둥근 사발을 엎어 그린 원에 참가자 이름을 빙 둘러가며 적은 통문. 통문이란 여러 사람에게 알리는 고지문(告知文)이다.

평등사상을 설파한 _ 최제우

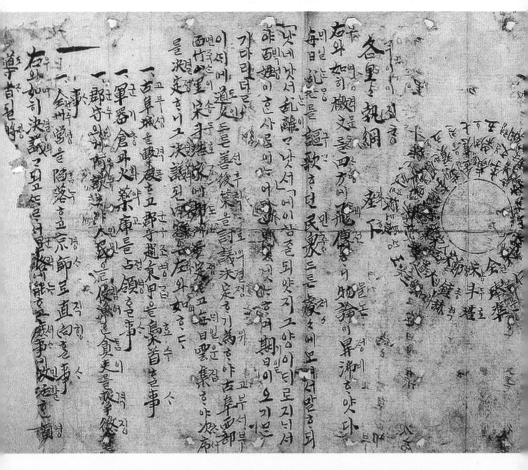

동학농민운동 때 쓰인 사발통문. 1968년 12월 전라북도 정읍시 고부면 송준섭의 집 마루 밑에 70여 년간 묻혀 있던 족보 속에서 발견되었다. 고부성을 격파하고 들어가 군수 조병갑을 처단하고, 전주 감영을 함락시킨 뒤 서울로 쳐들어가 탐관오리를 제거한다는 계획이 담겨 있다.

이용태를 안핵사로 내려보냈다. 그런데 이용태는 외려 동학 농민들을 잡아 가두는 등 악행을 저질렀다. 이에 분개한 전봉준을 비롯한 동학 지도자들은 본격적인 봉기를 일으키기로 한다.

전봉준, 손화중 등 동학 지도자들은 1894년 4월 무장현에 모여 탐관오리 숙청과 보국안민의 기치를 내걸고 봉기에 나서자고 호소했다. 인근 읍에서 농민 1만여 명이 모여들었다. 이들은 4월 말 고부에 있는 백산에 집결해 전봉준을 총사령관에 해당하는 동도대장으로 삼고 4개의 행동 강령을 선포했다.

- 행군할 때 사람이나 가축을 해치지 말자.
- 권세가들을 모두 없애자.
- 일본 오랑캐를 몰아내자.
- 폭정을 물리치고 백성을 구하자.

외세를 끌어들인 고종

동학 농민군은 5월 중순 첫 번째 큰 전투였던 황토현 전투에서 관군을 크게 무찔렀다. 이 기세를 몰아 5월 하순 황룡촌 전투에서도 승리했다. 농민군은 전라도 각 읍을 점령하며 1차 목표인 전주성으로 진격해 갔다. 그리고 마침내 6월 초, 관군이 도망쳐 거의 비어 있

평등사상을 설파한 _ 최제우

는 전주성을 피 흘리지 않고
점령했다. 곧 관군이 전주성
을 에워쌌다. 동학군과 관군
사이에 두 차례 공방전이 벌
어져 양쪽 다 큰 피해를 입었
다. 그 후 전투는 소강상태로
접어든다.

청일전쟁의 빌미를 제공한 고종

동학군이 전주성을 점령
했다는 보고를 받은 정부는
즉각 청에 지원을 요청했다.
외국 군대를 불러들이는 것
에 반대한 관리도 있었지만, 10년 전 갑신정변 때 청군 도움으로 살
아난 경험이 있던 고종과 명성황후는 귀담아듣지 않았다. 청군이
바로 아산만에 상륙했다. 청은 톈진조약*에 따라 일본에 출병 사실
을 알렸다. 그런데 일본군도 인천에 상륙한 게 아닌가. 조선에서 원
병 요청을 하지 않았는데 말이다!

청군과 일본군이 조선에 상륙했다는 소식을 들은 동학 농민군은
분개했다. 정부도 당황스럽긴 마찬가지였다. 일본군까지 들어온 상
황은 보통 심각한 것이 아니었다. 전봉준과 초토사(招討使)* 홍계훈
은 싸움을 중지하는 강화를 맺는다. 화약에 따라 전주성에 있던 농

민군은 모두 집으로 돌아갔다.

초토사 ▪
조선 시대에 민란 등이 일어났을 때 평정시키기 위해 중앙에서 파견한 임시 벼슬.

전주화약 합의 내용에 따라 전봉준은 집강소를 설치한다. 집강소란 전라도 각 읍의 관아 안에 설치한 일종의 민정 기관으로, 농민들이 지방 치안과 행정에 참여하는 기구다. 전봉준은 집강소 활동을 벌이며 폐정 개혁안을 제시했다. 탐관오리를 숙청하고, 백성들의 정치 참여를 허가하고, 토지를 재분배하며, 노비와 천민을 해방하고, 일본을 배격하라는 것이 주 내용이었다.

한편 정부는 일본군에게 자국으로 돌아갈 것을 요청했다. 하지만 일본군은 거부하며 그대로 머물렀다. 청은 동시에 철병하자고 제의했다. 이것도 거부한 일본군은 6월 말 경복궁을 기습적으로 점령한 뒤 김홍집을 중심으로 한 친일 내각을 구성했다.

텐진조약 ▪
1885년 4월 18일 청나라 전권대신 이홍장과 일본 제국 전권대신 이토 히로부미가 동북아시아 세력 균형을 명분으로 맺은 조약이다. 조선 내 청일 양국 주둔군 철수가 주 내용이다. 다시 파병할 경우엔 '서로 통보'하기로 합의했다. 이 조약에 따라 청은 일본에 파병 소식을 알렸다. 그러므로 일본은 조선에 출동할 명분이 없었다. 하지만 일본은 이를 기회로 삼아 조선에 대한 청의 종주권을 무력화하기로 한다. 결국 청일전쟁에서 승리해 뜻을 이룬다.

청을 몰아내고 조선을 독차지한 일제

경복궁 점령 사건이 일어난 약 한 달 뒤에는 더 황당한 일이 벌어졌다. 일본군이 조선에서 청나라와 전쟁을 벌인 것이다. 일본 함대가 서해 풍도에 있던 청군 함대를 공격하면서 청일전쟁*이 시작되었다. 일본군은 아산만 전투와 평양 전투, 황해해전 등에서 잇따라 청군을 격파했다.

전주화약 이후 집강소 활동을 감독하며 일본의 움직임을 예의 주시하던 전봉준은 일본군이 경복궁 점령에 이어 청일전쟁을 일으키자 다시 봉기를 일으키기로 결심했다. 지난 봄 1차 봉기가 폐정과 사회 모순을 개혁하려는 반봉건 투쟁이었다면, 2차 봉기는 일본 제국주의를 몰아내려는 반외세 성격을 띠었다.

전봉준이 이끄는 동학 농민군은 10월 전라도 삼례에 총집결했다. 이때 충청도에 있던 2대 교주 최시형은 전봉준 군대와 공동전선을 펴기로 결정한다. 처음 최시형은 전봉준의 무장 봉기에 대해 비

청일전쟁

조선에 눈독을 들이고 있던 일제는 청이 오랜 시간 조선을 지배하는 상황을 무력화할 필요가 있었다. 마침 동학농민운동이 청과 전쟁을 벌일 좋은 기회였다. 청일전쟁에서 일제는 승리했고, 전쟁 발발 이듬해인 1895년 4월 양국은 시모노세키에서 강화조약을 맺었다. 조약의 주 내용은 이렇다. 조선은 청의 간섭을 받지 않는 자주독립국이고, 청은 일본에 전쟁 배상금 2억 냥을 지불하고 랴오둥반도와 대만을 할양(割讓, 땅이나 물건 등의 한 부분을 떼어서 남에게 넘겨주는 것)한다. 조약에 따라 청은 막대한 배상금과 영토를 일본에 내주었고, 500년 동안 행세해 온 조선에 대한 종주권도 넘겨주었다.

조선 최고의 개혁가 배틀

판적이었지만, 접주들이 거듭 건의해 받아들인다. 그 결정에 따라 북접의 지도자 손병희가 1만 동학 농민군을 이끌고 논산으로 집결했다.

농민군의 목표는 공주를 점령한 뒤 서울로 북진하는 것이었다. 하지만 1차 봉기와 달리 2차 봉기는 결과를 예측하기 어려웠다. 일본군이 조선 관군과 연합군을 편성해 공주로 내려왔기 때문이다. 청일전쟁을 벌이고 있던 일본군은 청과의 전쟁을 원활히 하기 위해

농민군의 주 무기였던 장태(왼쪽)와 죽창(오른쪽). 일제의 총에 맞서기엔 역부족이었다.

ⓒ 국립민속박물관

후방에 있는 동학 농민군을 제압할 필요가 있었다.

12월 초 동학 농민군과 조선 관군·일본군 연합군이 공주로 향하는 길목인 우금치에서 맞닥뜨렸다. 약 일주일간 50여 차례의 공방전이 펼쳐졌다. 농민군은 우금치 마루를 향해 밀고 올라갔고, 조선 관군·일본군 연합군은 우금치 마루 양편에 진을 치고 농민군에게 총알을 퍼부었다. 농민군은 속수무책으로 쓰러졌다. 결국 1만여 명이던 농민군은 겨우 500여 명만 살아남아 후퇴할 수밖에 없었다.

동학농민운동의 저항 정신은 항일 의병, 반독재 운동가 들에게 이어졌다.

일제 강점기 의병(위)과 4월혁명 당시 시위 모습(아래).

동학의 저항 정신은 여전히 살아 있다

농민군은 뿔뿔이 흩어지고 김개남, 손화중 등 동학 지도자들은 체포되어 처형을 당했다. 전라도 순창으로 피신해 있던 전봉준은 현상금에 눈이 먼 동료의 밀고로 체포돼 처형되었다. 1년여 동안 민중에게 희망을 품게 한 동학농민운동은 이렇게 끝이 났다.

정부는 동학 농민군들의 개혁 요구를 수용해 나라를 개혁할 수 있는 절호의 기회를 발로 차 버렸다. 도리어 외국 군대를 끌어들임으로써 일제가 조선을 지배할 발판을 제공했다. 국가 안보보다 정권 안보를 중시했던 고종과 명성황후의 어리석은 결정이 나라의 패망을 재촉한 것이다.

동학농민운동은 비록 실패했지만 전쟁에 참여했던 농민들은 항일 의병이 되었고, 동학의 정신은 일제 강점기 독립운동으로 이어졌다. 또한 이 정신은 해방 이후 독재 세력에 맞서 싸우는 저항과 개혁 정신으로 계승되었다.

이제 어떻게 바꾸어야 할까

'조선 최고의 개혁가로 누구를 뽑을 것인가.'

청문회를 마친 위원장과 위원들은 열띤 토론을 이어 갔다. 서로 한발도 물러서지 않으려 했다. 정여립을 추천한 위원은 "이씨 왕족 이 대대로 왕 노릇을 하는 체제를 바꿔 어질고 능력 있는 사람을 왕 으로 세워야 한다고 주장한 정여립이야말로 최고의 개혁가"라 주 장했고, 허균을 추천한 위원은 "지금 조선의 가장 큰 문제는 신분 차별입니다. 조선을 새롭게 하려면 500년 넘게 이어 온 신분 차별 을 반드시 없애야 합니다. 지금 저기 동학 농민군이 가장 큰 목소리 로 요구하는 게 무엇인가요? 신분제 철폐입니다! 양반이니 상민이 니 노비니 하면서 사람을 구분하지 말자는 것이죠. 그러니 300여 년 전 이미 평등을 주장한 허균이야말로 최고의 개혁가 아니겠습니 까?"라며 물러서지 않았다.

김육을 추천한 위원 역시 마찬가지였다. "물론 신분 차별 철폐도 중요하지만 백성이 가장 바라는 건 세금 제도 개혁입니다. 동학 농민군이 뭐라고 요구했습니까. 무명잡세를 철폐하라, 이러지요. 조선은 이 세금 제도를 개혁하지 않으면 백성의 저항을 받아 나라가 위태로워질 것입니다. 그런 면에서 조선 최고의 개혁이랄 수 있는 대동법 시행을 앞당긴 김육을 강력히 추천드리는 바입니다."

다음은 윤휴 담당 위원의 말.

"다 좋습니다. 신분 제도 철폐하고 세금 제도도 개혁해야지요. 그러나 조선의 가장 큰 병폐는 성리학만이 진리라고 생각하여 그 외의 학문은 이단이라 치부하는 편협한 태도입니다. 학문과 사상의 자유야말로 폐쇄적이고 답답한 조선을 개혁하는 가장 큰 원동력이 될 것입니다. 그런 의미에서 윤휴가 조선 최고의 개혁가가 아닐까요?"

이어 유형원을 천거한 위원이 나섰다.

"10년 전 갑신정변이 왜 실패했습니까? 김옥균 등의 개화파가 너무 일본군만 의지하다 청군이 창덕궁으로 밀고 들어오는 바람에 3일 천하로 끝난 거 아닙니까? 하지만 실패가 단지 그 이유 때문일까요? 백성이 개화파가 일으킨 정변에 호응했다면 그렇게 쉽게 무너지지는 않았겠죠. 백성은 왜 개화파에게 동조하지 않았을까요? 일본을 등에 업은 개화파가 미운 것도 있지만 개혁안이라고 발표한 것 중에 뭐가 하나 빠져서입니다. 그게 무엇이냐, 바로 토지 제도 개혁입니다. 농민들은 토지가 가장 중요한데 개화파는 그 부분을 어떻게 하겠다는 내용이 없었어요. 지금 백성이 가장 원하는 것은 토지 제도 개혁입니다. 지주의 땅을 부쳐 먹고 사는 소작 농민들은 수확해 봐야 먹을 게 없습니다. 지주에게 바치고, 세금으로 내고 나면 정작 자신은 먹을 게 없습니다. 이 문제를 놔두고 개혁을 논하는 것은 밑 빠진 독에 물 붓기지요."

앞에서 이미 다 들었던 이야기지만 위원들이 자기주장을 굽히려 하지 않자 위원장은 난감하기만 했다. 이어서 박지원을 추천한 위원도 자유로운 글쓰기로 양반 사회를 신랄하게 비판한 박지원이 최고의 개혁가라 주장했고, 최제우를 맡은 위원도 인간의 제도나 법을 고치는 것보다 하늘 아래 모든 사람이 평등하다는 의식 개혁을 먼저 해야 한다며 동학을 창시한 최제우가 최고라고 내세웠다.

개국 500년 만에 최대 위기를 맞은 조선은 과연 어떤 개혁가를 받아들여 이 위기를 돌파할까.

1894년 갑오년과 1895년 을미년에 걸쳐 조선에서는 여러 개혁 작업이 이루어졌다.

- 이조, 호조, 예조 등의 6조 행정 체제는 8개의 아문으로 개편되었고, 재정은 왕실과 분리하여 탁지아문에서 맡기로 했다.
- 신분제가 공식적으로 폐지되었다.
- 양반 중심의 나라를 떠받치던 과거제도 사라졌다.

1894년, 1895년 두 해에 걸쳐 이루어진 일련의 개혁을 갑오개혁 혹은 갑오경장이라 한다. 갑오개혁에는 10년 전 갑신정변 때 개화파가 주장했던 개혁안과 1894년 동학 농민군이 요구했던 개혁안 일부가 포함되었다.

이로써 조선은 신분제, 과거제 등 봉건적인 오랜 유산을 벗어던지고 새로운 나라로 탈바꿈하게 되었다. 하지만 이 절호의 기회마저 놓쳐 버리고 만다. 갑오개혁은 일본의 입김이 작용한 친일 내각에 의해 실행된 한계를 지니고 있었기 때문이다. 개혁 이후에도 조선은, 영국처럼 왕은 상징적인 존재로 남기고 의회가 정치를 이끄는 입헌군주제도, 미국처럼 국민이 최고 지도자를 뽑는 공화제도 아니었다. 여전히 이씨 왕족이 왕위를 이어 가는 전제군주제 국가였다.

대한제국은 학교를 세우고, 군대를 서양화하고, 공장도 짓는 등 나라를 새롭게 바꾸려고 여러 개혁에 나섰지만 '제국'이라는 이름에 걸맞은 나라로 만드는 데는 실패했다. 일본, 청을 비롯해 러시아, 미국, 영국, 프랑스, 독일, 벨기에 등 온갖 외세가 조선에서 이권을 챙기려던 시기였기 때문이다.

결국 대한제국은 1910년, 가장 집요하게 조선을 노리던 일본에 망하고 만다. 갑오년 동학 농민군 그리고 백성들의 목소리에 귀를 기울여 개혁에 박차를 가했다면, 그렇게 쉽게 나라를 빼앗기지는 않았을 것이다.

책

《정여립의 생애와 사상》 #정여립

조선 최대 역모 사건으로 불리는 정여립 사건의 전모를 밝혀 주는 책. 정
여립은 과연 정말 역모를 꾸몄을까 하는 물음을 던지며, 정여립의 출생 설
화부터 마지막 자결 모습까지 추적합니다.

《홍길동전》 #허균

삼척동자도 다 아는 홍길동. 하지만 《홍길동전》을 처음부터 끝까지 읽은
사람은 많지 않은 것 같습니다. 《홍길동전》을 통해 허균의 사상과 그가 꿈
꾼 세상을 알아보는 건 어떨까요?

《김육 평전》 #김육

김육의 삶과 사상 그리고 그가 불굴의 의지로 추진했던 대동법에 관한 이
야기를 담았습니다. 조선 최고의 개혁으로 불리는 대동법은 어떻게 제도
로 자리 잡게 되었을까요. 녹록지 않았던 그 과정을 함께 보면 어떨까요.

《유교적 경세론과 조선의 제도들》 #유형원

'케임브리지 한국사' 편집장을 지내고 규장각에서 근무한 경력이 있는 미국인 학자가 조선 최고의 개혁가는 유형원이라며 유형원의 역작 《반계수록》을 풀어 쓴 책입니다. 외국인이 쓴 책이라 조선 후기 사회를 더 객관적으로 볼 수 있게 돕습니다.

《청소년을 위한 연암 박지원 소설집》 #박지원

박지원의 대표적인 단편소설 〈양반전〉, 〈호질〉, 〈허생전〉을 비롯해 그의 사상과 특유의 풍자적인 글맛을 엿볼 수 있는 〈예덕선생전〉, 〈민옹전〉, 〈광문자전〉 등을 친절한 해설과 함께 소개합니다.

《비슷한 것은 가짜다》 #박지원

박지원의 대표적인 산문 40여 편을 모은 책. 박지원이 인생과 예술 등을 어떻게 바라보았는지 편지글 등을 통해 좀 더 가까이에서 볼 기회를 줍니다.

〈구르믈 버서난 달처럼〉 #정여립

대동계를 조직한 정여립이 처형되고, 그의 제자 이몽학이 임진왜란 중 반란을 일으키는 내용을 담고 있습니다. 임진왜란 전후 조정 상황과 사회상을 생동감 있게 전달합니다.

〈대립군〉 #허균 #조선의 군사 제도

임진왜란 당시 돈을 받고 군역을 대신한 대립군들의 이야기. 조선의 군사 제도와 임진왜란의 참상, 분조를 이끈 광해군의 활약을 엿볼 수 있는 영화입니다.

〈최종병기 활〉 #김육 #윤휴 #유형원

김육, 윤휴, 유형원은 병자호란과 관련이 깊습니다. 병자호란으로 인생행로를 바꾸었고, 전란 이후 망가진 조선을 개혁하고자 노력했습니다. 전란으로 고통받는 민중의 애환이 생생하게 묘사된 영화입니다.

〈개벽〉 #최제우

동학 초대 교주 최제우가 처형당하는 장면으로 시작해 2대 교주 해월 최
시형이 교수형에 처해지는 장면으로 마무리되는 영화. 동학이 말하려는
게 무엇인지, 그들이 왜 전쟁에 나섰는지 이해할 수 있게 돕습니다.